文部科学省後援
実用フランス語技能検定試験
2012年度 1級
公式問題集
フランス語教育振興協会編

公益財団法人　フランス語教育振興協会

文部科学省後援

実用フランス語技能検定試験

2012年度 1級

公式問題集

フランス語教育振興協会 編

公益財団法人 フランス語教育振興協会

まえがき

　21世紀、世界から孤立せず、世界と対話しながら、平和で豊かな運命を切り開いていくためには、多くの日本人がいろいろな外国語をマスターしていることが大切です。

　フランス語は、フランスだけでなく、多くの国・地域で、また、国連をはじめとする国際機関で使われている言語です。さらに、フランス語は人類に普遍的な価値、独創的な文化を担っている言語です。

　フランスの企業が次々に日本に進出してくる一方、日本の企業もフランスに広く展開しています。トヨタやユニクロ、無印良品のフランス進出、日産とルノーの提携などはその典型的な例です。英語力とともにフランス語力は仕事のうえで強力な武器となります。フランス語をマスターしてアフリカ諸国で国際協力、援助活動に従事している人々も少なくありません。また、フランス語を学ぶこと、フランス語を使いこなせるようになることは、自分の人生をより豊かに生きる道につながっています。

　日本人学習者を対象とし、文部科学省とフランス大使館文化部後援を受けて、1981年以来実施されている「仏検」は、フランス語を聞き・話し・読み・書く能力をバランスよく客観的に評価する検定試験として、ますます高い評価を受けています。1級・準1級・2級・準2級・3級・4級・5級の7段階を合わせて毎年約3万5千人が受験しています。また、大学の単位認定や編入学試験、大学院入試等に利用されるケースも多くなっています（多数の学生が受験している学校のリストが巻末にありますので、ご参照ください）。

　本書は、1級の傾向と対策を解説した第1部と、2011年度春季に実施した仏検の問題にくわしくていねいな解説・解答を付した第2部から成る公式問題集です。書き取り・聞き取り試験のCDが付いています。

　本書をフランス語の実力アップと仏検合格のために、どうぞ活用してください。

　なお、本書全体の監修ならびに第1部の執筆は平野隆文が担当し、第2部の解説は井上櫻子が執筆しています。

　　2012年3月

　　　　　　　　　　　　　公益財団法人　フランス語教育振興協会

目　　次

まえがき …………………………………………………………	3
実用フランス語技能検定試験実施要領 …………………………	5
2011年度仏検受験状況 ……………………………………………	7
1級の内容と程度 …………………………………………………	8
解答用紙雛形 ………………………………………………………	9
第1部　1級の傾向と対策 ………………………………………	11
［Ⅰ］1次試験の傾向と対策 …………………………………	12
［Ⅱ］2次試験の傾向と対策 …………………………………	165
第2部　**2011年度　問題と解説・解答** ………………………	169
2011年度　出題内容のあらまし …………………………	170
1次試験　筆記試験　書き取り・聞き取り試験 ……………	171
2次試験　面接 …………………………………………………	185
総評 ………………………………………………………………	187
解説・解答 ………………………………………………………	190
学校別受験者数一覧 ………………………………………………	221

実用フランス語技能検定試験　実施要領

　実用フランス語技能検定試験（仏検）は、年2回、春季（1次試験6月・2次試験7月）と秋季（1次試験11月・2次試験1月）に実施しております。ただし、1級は春季のみ、準1級は秋季のみの実施です。

　2次試験は1級・準1級・2級・準2級の1次試験合格者が対象です。なお、隣り合う2つの級まで併願が可能です（ただし、1級／準1級と2級の併願は除く）。

　また、出願の受付期間は、通常、春季は4月から5月中旬、秋季は9月から10月中旬です。

◆各級の内容

1 級（春季のみ）
- 《1次》筆記試験（記述式・客観形式併用）120分
- 書き取り・聞き取り試験　約40分
- 《2次》面接試験　約9分

準1級（秋季のみ）
- 《1次》筆記試験（記述式・客観形式併用）100分
- 書き取り・聞き取り試験　約35分
- 《2次》面接試験　約7分

2 級
- 《1次》筆記試験（記述式・客観形式併用）90分
- 書き取り・聞き取り試験　約35分
- 《2次》面接試験　約5分

準2級
- 《1次》筆記試験（記述式・客観形式併用）75分
- 書き取り・聞き取り試験　約25分
- 《2次》面接試験　約5分

3 級
- 筆記試験（客観形式・記述式）60分
- 聞き取り試験　約15分

4 級
- 筆記試験（客観形式）45分
- 聞き取り試験　約15分

5 級
- 筆記試験（客観形式）30分
- 聞き取り試験　約15分

◆受験地（2011年度秋季）

1次試験　札幌、弘前、盛岡、仙台、秋田、福島、水戸、宇都宮、群馬、草加、東京、神奈川、新潟、金沢、甲府、松本、岐阜、静岡、

　　　　　　　三島、名古屋、京都、大阪、西宮、奈良、鳥取、松江、岡山、
　　　　　　　広島、高松、松山、福岡、長崎、熊本、別府、宮崎、鹿児島、
　　　　　　　西原町（沖縄県）、パリ
　2 次試験　　札幌、盛岡、仙台、群馬、東京、新潟、金沢、静岡、名古屋、
　　　　　　　京都、大阪、松江、岡山、広島、高松、福岡、長崎、熊本、
　　　　　　　西原町、パリ

＊上記の受験地は、季ごとに変更となる可能性があります。また、会場によって実施される級がことなる場合がありますので、くわしくは、最新の仏検受験要項・願書またはAPEFのホームページをご覧ください。

＊最終的な受験地・試験会場の詳細は、受験票の記載をご確認ください。

◆**出願方法**　下記の2つの方法からお選びください
　1．**インターネット申込**：2012年度春季試験より、インターネットでの出願を受けつけます。詳細はAPEFのホームページをご覧ください。
　2．**郵送申込**：受験要項・願書を入手→検定料納入→願書提出、の順でお手続きください。
　　　＊全国の仏検特約書店・大学生協では願書・要項を配布、あわせて検定料の納入を受けつけております。
　　　＊願書・要項は仏検事務局へ電話・E-mail等で請求なさるか、APEFホームページよりダウンロードして入手なさってください。

◆**合否の判定とその通知**
　級によりことなりますが、60～70％の得点率を目安に出題するように努めています。各級の合格基準は、審査委員会がさまざまな条件を総合的に判断して決定しています。
　結果通知には合否のほか、合格基準点、合格率とご本人の得点が記載されます。

◆**お問い合わせ先**

> **公益財団法人 フランス語教育振興協会 仏検事務局**
>
> 〒102-0073　東京都千代田区九段北1-8-1　九段101ビル
> 　　（TEL）03-3230-1603　（FAX）03-3239-3157
> 　　　　　（E-mail）dapf@apefdapf.org
> 　　　　　（URL）http://apefdapf.org

2011年度仏検受験状況

級（季）	出願者数	1次試験 受験者数	1次試験 合格者数	合格率	1次試験免除者数	2次試験 受験者数	2次試験 合格者数	最終合格率
1級	672名	604名	75名	12.4%	6名	74名	64名	10.6%
準1級	1,603名	1,403名	348名	24.8%	43名	368名	318名	22.3%
2級（春）	2,250名	1,965名	704名	35.8%	75名	747名	602名	30.0%
（秋）	2,520名	2,172名	725名	33.4%	117名	825名	711名	31.6%
準2級（春）	2,287名	1,956名	1,183名	60.5%	139名	1,260名	1,069名	52.6%
（秋）	2,561名	2,140名	1,288名	60.2%	141名	1,366名	1,137名	51.3%
3級（春）	3,380名	3,007名	2,084名	69.3%				
（秋）	3,819名	3,412名	1,996名	58.5%				
4級（春）	2,520名	2,264名	1,891名	83.5%				
（秋）	3,805名	3,449名	2,978名	86.3%				
5級（春）	1,757名	1,570名	1,280名	81.5%				
（秋）	2,680名	2,443名	2,051名	84.0%				

＊1級は春季のみ、準1級は秋季のみ

1級の内容と程度

程　度
「読む」「書く」「聞く」「話す」という能力を高度にバランスよく身につけ、フランス語を実地に役立てる職業で即戦力となる。
標準学習時間：600 時間以上

試験内容

読　む	現代フランスにおける政治・経済・社会・文化の幅広い領域にわたり、新聞や雑誌の記事など、専門的かつ高度な内容の文章を、限られた時間のなかで正確に読み取ることができる。
書　く	あたえられた日本語をフランス語としてふさわしい文に翻訳できる。その際、時事的な用語や固有名詞についての常識も前提となる。
聞　く	ラジオやテレビのニュースの内容を正確に把握できる。広く社会生活に必要なフランス語を聞き取る高度な能力が要求される。
話　す	現代社会のさまざまな問題について、自分の意見を論理的に述べ、相手と高度な議論が展開できる。
文法知識	文の書きかえ、多義語の問題、前置詞、動詞の選択・活用などについて、きわめて高度な文法知識が要求される。

語彙：制限なし

試験形式

1 次試験（150 点）

筆　記	問題数 9 問、配点 100 点。試験時間 120 分。記述式、一部マークシート方式。
書き取り	問題数 1 問、配点 20 点。試験時間（下記聞き取りと合わせて）約 40 分。
聞き取り	問題数 2 問、配点 30 点。語記入、マークシート方式。

2 次試験（50 点）

個人面接試験	あたえられたテーマのなかから受験者が選んだものについての発表と質疑応答。試験時間約 9 分。

解答用紙（雛型）（35％縮小）

2011年度 春季 実用フランス語技能検定試験（1級）筆記試験 解答用紙

表面

2011年度 春季 実用フランス語技能検定試験（1級）書き取り／聞き取り 試験 解答用紙

書き取り試験注意事項 （書き取り試験解答欄は裏面にあります。）

フランス語の文章を、次の要領で3回読みます。全文を書き取ってください。

- 1回目は、ふつうの速さで全文を読みます。内容をよく理解するようにしてください。
- 2回目は、ポーズをおきますから、その間に書き取ってください（句読点も読みます）。
- 最後に、もう1回ふつうの速さで全文を読みます。
- 読み終わってから3分後に、聞き取り試験に移ります。
- 数を書く場合は、算用数字で書いてかまいません。（配点 20）

裏面

1級書き取り試験　解答欄

第1部
1級の傾向と対策

[I] 1次試験の傾向と対策

　1級は言うまでもなく仏検における最高級ですから、合格するためには「聞く」「話す」「読む」「書く」の4つの言語能力を相当高度なレベルで、かつバランスよく身につけている必要があります。1級は、フランス語を使って仕事ができることを証明する級ですから、問題もそれにふさわしい高度な内容となります。したがって付け焼き刃の受験勉強ではまったく歯が立ちません。要するに、テクニックなどがほとんど役に立たない本当の実力がためされます。標準学習時間は「600時間以上」とされていますが、学習の環境や密度に応じて習得の度合いも変わってきますから、この時間は目安にすぎません。

　身も蓋もない言い方になってしまいますが、1級に「最短距離」で合格する方法を1つあげよ、と問われれば、フランス語圏でフランス語を主として使いながら生活する環境に我が身を置くことだ、と答えることになります。しかし、だれもがそのような機会に恵まれているわけではありません。そこで、日本で生活していても1級に合格できるような環境を自分で整える必要が生じるでしょう。幸い、「文明の利器」はここ15年ほどで長足の進歩をとげ、それらを活用すれば、Radio France Internationale (RFI) や TV 5 に容易に接することができます。また、インターネットを利用してフランスの新聞や雑誌の記事を簡単に読めますし、必要なソフトさえ揃えば（ほとんどがダウンロードできます）、France 2 などのテレビニュースを何度も視聴することだって可能です。

　こうして日ごろからフランス語をシャワーのように「浴びる」ことはひじょうに重要です。しかし、語学の上達には「質と量」の双方からアプローチする必要があることも忘れてはなりません。「質」を重視した勉強としては、たとえば Le Monde などの高級紙に掲載された論説文をじっくり精読する練習があげられます。一字一句もゆるがせにせずに、高度かつ論理的な内容の文を、じっくりと味わうことは、フランス語特有の思考力に慣れるうえできわめて重要だと言えましょう。その際大切なのは、「少数精鋭主義」を守ることです。精読する場合、数は少なくてもかまわないので、そのページを暗唱できるくらいに何度も読み込むことがポイントとなります。そのフランス

語を自分の手で書き写したり、100 回ほど音読してみたり、あるいは翻訳してみたりしてください。

　インプット、アウトプットのいずれの面でも 1 級受験の準備が整った際には、この公式問題集が威力を発揮します。先ほどは「テクニックなど役立たない」と書きましたが、これは 1 級に見合った実力をつけるほうが先だという意味です。それなりの実力を身につけたのちは、やはり「敵」を知る必要があるでしょう。出題の形式と内容の傾向に精通すると同時に、解き方のコツをつかむことも重要です。とくに ① の名詞化の問題には一定のパターンがありますから、練習問題を多く解いて書きかえる際のテクニックを磨いてください。② ③ ④ については、過去問を多く解き、出題の傾向を知ったうえで、逆にふだんの勉強に反映させることができるでしょう（前置詞の使い方や同義語のポイント、出題されやすい時事用語、などを念頭に置いて文章を読んでいく癖を身につけましょう）。長文問題や聞き取り問題については、それぞれの問題の概要をよく読んでください。

　筆記試験の 120 分の時間配分については、受験者がそれぞれの得手不得手にかんがみて工夫すればよいと思われますが、ここでは 1 つのモデルを示しておきます。まず ② ③ ④ の問題のうちすぐに解答できるものを片づけます。これで最大 10 分。解答できないものはそのままにして、① にとりかかります。名詞化とそれにともなう文の変化（動詞の使い方など）が比較的早くわかるものを解答し、苦戦しそうな設問は後まわしにします。これも 10 分。残りの 100 分ですが、配点が多くかなり手ごわい ⑧ ⑨ の 2 問題にそれぞれ 25 分、⑤ ⑥ ⑦ の 3 問題にそれぞれ 10 分を割り振ります。これで合計 80 分。全体を見直す時間が 20 分残りますので、まずは ① ② ③ ④ でやり残した問題に取り組みます。その後、長文問題と作文問題を、他人の答案を見るような、自分が採点者になったような、突き放した客観的な目で点検するとよいでしょう（とくに動詞の法や時制、あるいは名詞、形容詞、過去分詞の性数の一致に注意したいところです）。

　以下、1 次試験の各問題について、その傾向と対策を解説します。

筆 記 試 験

1 動詞、形容詞ないしは副詞を適切な名詞に改め、全文を書きかえる名詞化 nominalisation の問題です。動詞、形容詞、副詞と、名詞との間の対応に関する知識が大前提となりますが、選択した名詞に応じた動詞などを選び適切な構文を新たに作れるか否かにもポイントが置かれています。つまり、フランス語の特徴の1つとされる名詞構文を作る過程を通して、総合的な語学力がためされる問題となっているわけです。この点で、動詞に対応する名詞のみを問われる準1級の場合にくらべ、さらに高いフランス語力が必要となります。したがって、日ごろから使用頻度の高い語彙の派生関係に留意すると同時に、ひんぱんに使用される動詞、形容詞、副詞については、対応する名詞とその語義を確認する癖をつけてほしいものです。そのためには、ふだんから紙の辞書を使って周囲の単語にも目を配る癖をつけるとよいでしょう（電子辞書では、周囲の語彙が目に入りにくいので）。具体例をいくつかあげておきます。

・terminer「終える、完了する」をひいたら、その周囲の terminal「ターミナル駅、端末」、terminal(e)「末端の、最終の」、terminaison「語尾」などの語にも目を配っておきましょう。ついでに、これらの単語がすべて、terme「期限、最終、境界」に由来している点にも注意したいところです。さらに欲を言えば、terme に「単語、ことば」という意味があることにも思いいたるとよいですね。なお、déterminer は、「境界を定める」という原義から「決定する」という意味を得ていること、terminologie は、「限定された言葉」という原義から、「専門用語」という意味を獲得している点なども付け加えておきます。こう考えてくると、単語の派生関係は、クモの巣のように複雑に張り巡らされていることがわかると思います。

・envahir「侵略する」をひくと、その下に envahissant(e)「（火事などが）広がる」、envahissement「侵略、（ある場所への）侵入」、envahisseur「侵略者」といった単語が並んでいます。ただし、動詞 envahir と派生関係にあるもう1つの名詞 invasion は当然ながら周囲には見あたりません。こうしたケースにも対処するためには、派生語や同義語を多く掲載している仏仏辞典（たとえば *Le Petit Robert*）に親しむことが必要になります。類

[I] 1次試験の傾向と対策　筆記試験 [1]

義語専門の辞書を1冊入手するのも一法です。
・なお、動詞によっては、対応する名詞が複数ある場合も存在します。1級の受験者ならば、こうした例にはとくに注意をはらいましょう。ここでは、以下のような代表例をあげておきます。

  arrêter / arrêt, arrestation   brûler / brûlage, brûlure
  changer / change, changement déchirer / déchirure, déchirement
  édifier / édifice, édification   essayer / essai, essayage
  exposer / exposé, exposition figurer / figure, figuration
  harmoniser / harmonie, harmonisation
  nettoyer / nettoiement, nettoyage payer / paie (paye), paiement (payement)
  perdre / perte, perdition   varier / variété, variation etc.

ひじょうにおおざっぱな言い方になりますが、語尾が -tion、-ment となっている名詞は、おもに動詞の「動作」を示し、それ以外の語尾の名詞は原則として動詞の「動作の結果や状態」を示している、と覚えておけばよいと思われます。

形容詞や副詞の名詞化については、以下の練習問題の「解説」でポイントをおさえておきましょう。なお、個々の練習問題を通して、名詞構文の作り方のコツをつかんでください。

練習問題

例にならい、次の(1)〜(12)のイタリック体の部分を名詞を使った表現に変え、全文をほぼ同じ内容の文に書きあらためて、解答欄に書いてください。

（例）：Ils *ont* catégoriquement *refusé* ma proposition.
 →（解答）Ils ont opposé un refus catégorique à ma proposition.

(1)　La vérification du dossier doit être *minutieuse*.　　　　(08)
(2)　Je regrette qu'il ait réagi *mollement* à ma proposition.　(09)
(3)　Notre société sera obligée de *licencier* une dizaine de personnes.　(09)

15

(4) Elle nous a éblouis, tant elle était *éclatante* de beauté. (06)
(5) Selon eux, il est absolument *opportun* d'intervenir. (09)
(6) Les sinistrés demandent que le gouvernement les *dédommage* pour les dégâts subis. (06)
(7) J'accepte de parler, mais *anonymement*. (08)
(8) Il s'exprime en termes peu *décents*. (07)
(9) Sa découverte est incontestablement *antérieure* à la vôtre. (07)
(10) On craint que le régime ne *se radicalise* d'un seul coup. (08)
(11) Il est trop *avare*, ça m'énerve. (10)
(12) Vous arrivez *ponctuellement* au bureau et la directrice en est contente. (10)

[解説] (1) La vérification du dossier doit être *minutieuse*.「その資料（問題）の調査は綿密でなければならない」という文です。形容詞 minutieux(euse) と派生関係にある名詞 minutie を思いつく必要があります。そのあとは、「綿密さを必要とする」と考えて demande de la minutie といった構文に変形すればいいでしょう。demande 以外にも exige や requiert (requérir) が使用可能です。また、de la minutie 以外にも、une grande minutie、la plus grande minutie と表現することもできます。

(2) Je regrette qu'il ait réagi *mollement* à ma proposition.「私の提案に対し、彼がてきぱきと反応してくれなかったことを残念に思う」と意訳できます。mollement から名詞の mollesse に到達できるか否かが第一関門です。その後いかに名詞構文を作るかがキーポイントになります。「解答例」のように la mollesse de sa réaction à ma proposition を主部にすれば、decevoir など regretter を言いかえる動詞を思いつく必要が生じます。あるいは、avec mollesse を用いて、Je regrette qu'il ait réagi avec mollesse à ma proposition. という、問題文と同じ構文を使うことも可能です。なお、-ment で終わる副詞から、形容詞、さらには名詞にまでさかのぼる練習を常日ごろ心がけたいところです（例：lentement → lent(e) → lenteur ; poliment → poli(e) → politesse ; certainement → certain(e) → certitude ; énormément → énorme

→ énormité ; aveuglément → aveugle → aveuglement)。

(3) Notre société sera obligée de *licencier* une dizaine de personnes.「私たちの会社は10人ほどの従業員を解雇せざるをえなくなるだろう」という文です。動詞 licencier「解雇する」に対応する名詞は licenciement です。これを *licence* としてしまうと、「学士号、許可、ライセンス」ないしは「勝手気まま、放埒」を意味する別の単語になってしまいますので、明確に区別してください。さて、licenciement「解雇」を「おこなう」という意味になる表現ですが、procéder au licenciement、recourir au licenciement、effectuer le licenciement、se résoudre au licenciement などが考えられます。なお、*faire le licenciement*、*exécuter le licenciement* のような言い方はありませんので、注意してください。

(4) Elle nous a éblouis, tant elle était *éclatante* de beauté.「彼女にはわれわれも目のくらむ思いがする、それほど彼女は美しい」という意味になります。形容詞 éclatant(e) は動詞 éclater から派生した形容詞です。この動詞から、「破裂、分裂」を意味する名詞 éclatement と、「破片、大きな音、華麗さ、美しさ」を意味する名詞 éclat が派生してきます。ここでは後者を思いつく必要があります。また、tant の処理の際に、名詞を形容できる tel(le) que ~ を思いつけるかどうかもポイントになります。

(5) Selon eux, il est absolument *opportun* d'intervenir.「彼らによれば、今こそ絶対に介入すべきだ」と意訳できます。形容詞 opportun「時宜をえた、当をえた、つごうのよい」の名詞形は opportunité となります。*opportunisme* は「ご都合主義、日和見主義」の意味ですから注意が必要です。さて、名詞化ができれば、書きかえは比較的簡単です。問題文にならって、selon eux をそのまま用い、Selon eux, l'opportunité d'intervenir est absolue. あるいは、Selon eux, l'opportunité d'une intervention est absolue. とすれば完成です。さらに構文のレベルをあげて、Selon eux, il est d'une opportunité absolue d'intervenir. と書きかえることも可能ですし、主語を ils にして、Ils croient absolument à l'opportunité d'une intervention. / Ils ne doutent pas de l'opportunité d'intervenir. / Ils sont convaincus de l'opportunité d'intervenir. などとすることも可能です。

(6)「被災者たちは、被った損害を政府が補償してくれることを要求している」という意味です。動詞 dédommager「損害賠償する、補償する」の名詞形が -ment で終わる dédommagement であることさえ知っていれば比較的簡

単に構文を変換できるでしょう。

　(7) J'accepte de parler, mais *anonymement*.「話してもかまいませんが、匿名でお願いします」と意訳できます。anonymement から形容詞 anonyme には簡単にたどりつきます。名詞が anonymat であることを知っているか否かがポイントになります。次に、「匿名で」を sous le couvert de l'anonymat（または sous l'anonymat）と言いかえる必要があります。ほかにも、à condition de garder l'anonymat や (en) gardant l'anonymat といった表現が可能です。実際の試験の答案で多く見られた *en anonymat* という言い回しはありませんので注意してください。なお、解答例以外にも、Je n'accepte de parler que sous l'anonymat. などは正解と見なせます。

　(8)「彼は上品とは言いがたい表現を使う」という意味になります。形容詞から名詞の décence「品のよさ」を引き出すのは比較的容易です。問題は、九分否定の peu の処理の仕方でしょう。「上品さや品位を欠く」と考えて、Il manque de décence dans sa manière de s'exprimer.「彼は、その言葉づかいにおいて品位を欠いている」とするのが妥当でしょう。Ses expressions manquent de décence.「彼の表現は品位を欠いている」と主語を変えることも可能です。

　(9)「彼（彼女）の発見はあなたのそれ（発見）よりまちがいなく先だった」という意味になります。antérieure を名詞化した antériorité を正しくつづったうえで、構文に工夫をくわえる必要があります。L'antériorité de sa découverte est incontestable までは比較的やさしいでしょう。ポイントは、そのあとに par rapport à ~「～とくらべて」といった熟語表現を思いつけるかどうかにかかっています。

　(10)「政治体制が一挙に急進化（過激化）することを人々は恐れている」という意味です。se radicaliser から radicalisation という名詞をみちびき出すのは容易でしょう。問題は、d'un seul coup「一度で、一挙に、突然に」をどう処理するかです。一番よいのは、「突然の急進化（過激化）」すなわち une radicalisation soudaine を用いることでしょう。soudaine 以外にも、brutale、subite、brusque、violente などは使用可能です。一方、*rapide*、*prompte*、*immédiate* などの形容詞の場合は、「速さ」や「直接性」の概念のみで、「突然性」の概念が抜け落ちてしまいますから、ここでは使えません。

　(11)「彼は大変なケチなので、私はいらいらしてしまう」という意味の文です。avare から名詞の avarice を思いつくのは意外と手間どるかもしれませ

ん（ちなみに、17世紀のフランスの劇作家モリエールの代表作の1つに *L'Avarice*（『守銭奴』）があります）。さて、ここでの書きかえの可能性は複数考えられますが、まずは avarice を主語にした文を工夫してみましょう。動詞は énerver がそのまま使えそうです。次に「大変なケチ」の「大変な」にあたる形容詞ですが、excessive、exagérée、démesurée などが適切でしょう。以上から、Son avarice excessive m'énerve. といった文ができあがります。以上の形容詞が思いつかない場合は、Sa trop grande avarice m'énerve. とすることも可能です。また、主語を il にして、Il m'énerve avec son avarice exagérée. あるいは Il m'énerve avec son trop d'avarice. と書きかえることも可能です。

⑿「あなたが時間どおりに出勤してくるので、部長は満足している」と意訳できます。副詞 ponctuellement の名詞は ponctualité です。主語は la directrice を使ったほうが、容易に文を組み立てられるでしょう。たとえば、La directrice est contente que vous arriviez au bureau avec ponctualité. という文が考えられます。この場合、主文の La directrice est contente (que) ... は、気持ちや感情を示すものですので、従属節は que vous arriviez のように接続法にせねばなりません。それをあえて避けるには、La directrice est contente de la ponctualité de votre arrivée au bureau. あるいは La directrice est contente de la ponctualité avec laquelle vous arrivez au bureau. なども考えられます。

[解答例] (1) La vérification du dossier demande de la minutie.
(2) La mollesse de sa réaction à ma proposition me déçoit.
(3) Notre société sera obligée de procéder au licenciement d'une dizaine de personnes.
(4) L'éclat de sa beauté était tel qu'il nous a éblouis.
(5) Ils croient absolument à l'opportunité d'une intervention.
(6) Les sinistrés demandent au gouvernement le dédommagement des dégâts subis.
(7) J'accepte de parler, mais sous le couvert de l'anonymat.
(8) Il manque de décence dans sa manière de s'exprimer.
(9) L'antériorité de sa découverte est incontestable par rapport à la vôtre.

(10) On craint une radicalisation soudaine du régime.
(11) Son avarice excessive m'énerve.
(12) La directrice est contente que vous arriviez au bureau avec ponctualité.

2 多義語（mot polysémique）の問題

多義語 (mot polysémique) の問題です。この問題に強くなるためには、日ごろから、文意がなんとなく通りにくいと思ったときに、見過ごさず正確な意味を確認することです。たとえば « Défense de doubler » という表現が目にとまったものの意味がはっきりしないとします。doubler は double の類推から「2倍にする、二重にする」という意味はわかるのですが、「二重（2倍）にするのを禁止する」というのは意味不明です。そこで辞書をひもとくと、dépasser en contournant「迂回して追い抜く」(Le Petit Robert) という意味があることがわかります。したがって « Défense de doubler » は「追い越し禁止」だと了解できるわけです。この際に、従来の「2倍にする、二重にする」などの意味と例文も確認する癖を身につけることが重要です。同時に、辞書はひくだけではなく、読んで楽しむものでもある、という信念をもつことも重要だと思われます。この信念を実践するうえでは、仏和、仏仏のいずれの場合も、電子辞書よりは紙の辞書を使うほうがよいはずです（ページのあちこちを「散歩」することができるからです）。ところで、ここで問われるのはあくまで同一語の意味の広がりであって、同じつづりの別の語ではない点に注意してください。たとえば、「桃」と「釣り」を意味する pêche や、「グラス、優勝杯」と「切断、散髪、カット」を意味する coupe などは、同つづりでありながら、まったく別の語源に由来する別の単語ですので、この問題では問われません。なお、問題そのものを解くコツとしては、たいていの場合 A、B のいずれかが相対的にやさしいことが多いので、そちらを手がかりにすること、次に A、B のおおまかな文意を推測すること、などがあげられるでしょう。

練習問題

次の(1)～(10)について、A、B の（　）内には同じつづりの語が入ります。（　）内に入れるのに最も適切な語（各1語）を、解答欄に書いてください。

(1) **A** À la mi-temps, la (　　) est de deux buts à zéro.
 B Quoique inachevé, le morceau porte la (　　) de ce compositeur.

(09)

(2) A On vient de les (　　) d'espionnage.
    B Son visage devrait (　　) la fatigue de ces derniers mois, mais il n'en est rien.
(08)

(3) A Ayant trop bu, il a (　　) le secret de la négociation.
    B Il a (　　) ma confiance en se mettant du côté de mon ennemi.
(06)

(4) A Doit-on (　　) les élèves quand ils disent des gros mots ?
    B Elle a oublié de (　　) ses affaires en partant.
(09)

(5) A Ici, la terre est (　　), elle ne donne que de maigres récoltes.
    B Sylvie a oublié que ses amies l'ont aidée. Elle est vraiment (　　).
(10)

(6) A Elles sont toutes les deux de la même (　　) sociale.
    B Il faut changer la (　　) du bébé.
(10)

(7) A En histoire ancienne, personne ne peut (　　) cette élève.
    B Est-ce vous qui lui avez demandé de (　　) vos affiches sur les murs de l'école ?
(07)

(8) A Tu es abonné à cette revue ? — Non, je l'achète au (　　).

22

B Voilà son (　　　) préféré. Il l'exécute toujours à la fin du spectacle.

(08)

(9) **A** Elle s'est mise à la (　　　) de la manifestation.
     B La (　　　) de cette poêle est détachable.

(07)

(10) **A** Un peu de piment (　　　) les plats.
     B Victor (　　　) toujours les fautes que je fais.

(07)

解説　(1) **A** À la mi-temps, la (　　　) est de deux buts à zéro.「ハーフタイムの時点で、(　　　) は2対0である」という意味で、スポーツにおける得点が問題となっていることは容易に察しがつきます。そこで「スコア」を意味する marque を候補として他方の文に「代入」してみると、**B** Quoique inachevé, le morceau porte la (marque) de ce compositeur.「未完成ながらも、その作品にはこの作曲家の特徴が明確に刻印されている」という意味になり、めでたく文意が通じます。marque には、「あるものを特徴づける側面、あるものの名残りや影響」といった意味があることに注意しましょう。なお、marque は元来「印」という意味であり、その「印」がめだつと、grande marque「有名（高級）ブランド」や produits de marque「ブランド品」となることも復習しておきたいところです。

(2) **A** On vient de les (accuser) d'espionnage.「彼らは今しがたスパイ容疑で（　　　）された」というおおまかな文意から、「責める、非難する」を意味し、さらには「告発する、起訴する」という法律用語としても使える accuser を思いつくのは容易でしょう。これを **B** に入れてみます。Son visage devrait (accuser) la fatigue de ces derniers mois, mais il n'en est rien.「彼の表情には、ここ数ヵ月の疲労の色が見えてもおかしくないのに、そんなようすはまったくない」という意味になり、みごとに文意が通ります。この accuser は、「(ようすや心情などを) ありありとうかがわせる、浮き彫りにする」の意味で使われています。この意味の延長線上で、「際立たせる」という意味でも使えます。たとえば、une robe qui accuse les lignes du

23

corps「身体の線を際立たせて見せるドレス」のような表現も可能です。

(3) **A** では「秘密をもらす、暴露する」の意味合い、**B** では「裏切る、背く」の意味合いの語が入ると気づけば正解に接近できるでしょう。その両方の意味をもつ動詞といえば、trahir となります。trahir la confiance de ~「～の信頼に背く」という言い方を覚えましょう。なお **A** の「隠れているものを暴露する、表に出す」という意味でもよく使います。たとえば、Son attitude a trahi sa pensée réelle.「彼（彼女）の態度は本心を表わしていた」などと使えます。ちなみに、trahir の語源であるラテン語 tradere は「引き渡す」というのが原義です。「秘密を引き渡す → 暴露する」、「国や友人を敵に引き渡す → 裏切る」というように、根本のところではつながっているのがわかるでしょう。

(4) **B** Elle a oublié de (　　　) ses affaires en partant.「彼女は出かける際に、（いったん出した）自分の身のまわりの品を（　　　）のを忘れてしまった」となり、「ふたたび持っていく」、「持ち帰る」などを意味しうる reprendre が候補として浮かびます。この reprendre という動詞に、「叱る、非難する、とがめる」の意味があることを知っていれば、**A** Doit-on (reprendre) les élèves quand ils disent des gros mots ?「生徒たちが下品な言葉を使った場合、彼らを叱るべきだろうか」とぴったり収まり解決します。reprendre のこの意味での類義語として、critiquer、blâmer、réprimender、corriger などがあげられます。なお、こうした意味で使われる reprendre は予想以上にひんぱんに使われますので、辞書でよく確認しておいてください。

(5) **B**「Sylvie は友人たちが彼女を助けたのを忘れている。彼女は本当に（　　　）だ」という文意から、「恩知らずな、忘恩の」という形容詞の女性形だと見当がつきます。そこで ingrate が念頭に浮かびます。問題は **A** で、「ここでは土地は（　　　）なので、たいした収穫は期待できない」ほどの意味になります。つまり、（　　　）内には「不毛な、やせ細っている」を意味する語が入るはずです。Le Petit Robert をひくと、2つ目の意味に Qui ne dédommage guère de la peine qu'il donne, des efforts qu'il coûte「苦労や努力にほとんど報いない」という語義が見つかり、その類義語として、infructueux「実を結ばない、収穫の少ない」、stérile「不妊の、不毛の」などが見いだせます。つまり「ここでは土地は（不毛）なので」とうまくつじつまが合うことがわかります。したがって ingrate が正解となります。かなりの難問です。ただ、この語の構成要素 -grat(ul)- が、ラテン語の gratus「感

謝する、感謝に値する」にさかのぼることをおさえておけば、ingrat(e) (ingratus) が、「人ないし物に感謝できない状態」という同一の発想にくくられることがわかるでしょう。

(6) **A**「彼女たちは２人とも同じ社会（　　　）の出身だ」というおおよその意味がわかるので、「階層、階級」を意味する語が入ると見当をつけ、もともと「層」を意味する couche が候補となるでしょう。この語に「おしめ」の意味もあることを知っていれば、**B**「赤ちゃんのおしめを替えなければならない」という意味になり、ぴったりあてはまります。「おしめ」が無数の生地の「層」から成っている、と考えれば、両者は発想源でつながっていると言えなくもないでしょう。理屈はともかく、この「おしめ」の意味の couche を覚えてしまいましょう。

(7) **B** を見ると、「学校の壁にあなたのポスターを（　　　）するよう彼（彼女）に頼んだのはあなたですか」となるので、「貼る」を意味する動詞 coller が候補となります。ところで、coller には「～について答えに窮させる、～に難問をぶつける」という意味があり、これが否定形で使われると、ある分野では当該の人物にかなわない、という意味になります。したがって **A** にも coller が入り、「古代史の分野では、この生徒にかなう者はだれもいない」という意味に落ちつきます。

(8) **A** Tu es abonné à cette revue ? — Non, j'achète au (　　　).「この雑誌、予約購読しているの？」—「いいや、（　　　）買っているよ」というやりとりから、「予約購読ではなく１号ずつ買っている」という意味が浮かんできます。そこで「(雑誌などの)号、ナンバー」を意味する numéro が候補となります。これを **B** に代入してみると、Voilà son (numéro) préféré. Il l'exécute toujours à la fin du spectacle.「ほら、彼のおはこだ。ショーの最後にいつもこれをやるんだ」となり、めでたく文意が通じます。ここでの numéro は、「(サーカス、ショーなどの)出し物、得意芸、十八番（＝歌舞伎からきた用語です）」を意味します。

(9) 難問ですが、あえて挑戦してみましょう。**A** の「彼女はデモの（　　　）に位置どった」という文意から、**B** の文を吟味します。「このフライパンの（　　　）は取りはずし可能である」という文意から、「取っ手、柄」がすぐに思い浮かびます。この両方の条件をみたす語は queue しかありません。「尻尾」、「尻尾のような長い付属物」から、queue は「鍋やフライパンの取っ手、工具などの柄」の意味で使われることもあります。また、「(行列、順

位、列車などの）最後部、うしろ」の意味もあり、Mettez-vous à la queue！「列のうしろに並びなさい」などと言えます。さらに queue は行列や順番待ちを意味することもできます。On a fait deux heures de queue.「私たちは2時間並んで待った」などのように使えます。

　⑽　これも難問ですが、重要な基本単語が問われていますので挑戦してみましょう。**A** の文は、「少し唐辛子を入れると料理が（　　　）」、**B** の文は、「Victor は私がおかすまちがいを、いつも（　　　）してくれる」という意味です。**A** には「引き立つ」、**B** には「指摘（する）」を入れるのがもっとも適切でしょう。両方の条件をみたす動詞は relever で、その直説法現在の3人称単数の活用形である relève が正解となります。relever という動詞は、接頭辞 re- (ré-) ＋ lever と分解できますが、接頭辞の re- (ré-) には、主として「反復、繰り返し」を付加する場合と、「強意、完遂」を付加する場合があります。前者では、「ふたたび立てる、おこす、再建する」などの意味となり、後者では、「さらに高める、引き立てる」などの意味となります。ここでは、**A**、**B** の両方とも後者の意味から派生しており、「（味などを）引き立たせる」、「（まちがいなどを）指摘する、見つける（＝まちがいを高いところで際立たせる）」という意味で用いられています。relever の用法は思った以上にむずかしいので、ぜひ辞書を見て整理しておきましょう。

解　答　(1) marque　(2) accuser　(3) trahi　(4) reprendre
　　　　　(5) ingrate　(6) couche　(7) coller　(8) numéro
　　　　　(9) queue　⑽ relève

3 前置詞の問題

前置詞の問題は、よく「重箱の隅を楊枝でほじくる問題」と非難されますが、まったくの的はずれと言わねばなりません。なぜなら、前置詞の問題は、語彙と成句と語法のいずれにも習熟していなければ解けないからです。言いかえれば、名詞、形容詞、動詞、副詞の補語として適切な前置詞が選べるか否か、また、前置詞の使い方の根本をおさえているか否かをためすことによって、じつは受験者のフランス語の総合力とセンスがわかるものなのです。そこで、文章を読んでいて、意味や用法があいまいな前置詞に関しては、*Le Petit Robert* などの信頼できる辞書を何度も通読し、できれば自分で用法を分類したノートを作成することをおすすめします。

前置詞問題を苦手とする受験者が多いのは事実です。日本語に存在しない品詞だけに、これは当然の結果かもしれません。しかし、前置詞なしではフランス語は成立しません。この点は、たとえば *Le Monde* の1ページを開いて、そこに登場する前置詞の数を数えてみるだけでも、即座にわかることです。あるいは発想を逆転して、日本語を勉強しているフランス人のことを考えてみれば、前置詞の重要性が理解できるかもしれません。というのも、フランス語には存在しない品詞である、いわゆる「てにをは」（助詞）をどれだけ自在に操れるかで、われわれは相手の日本語力をおおよそ把握できるからです。おなじく、前置詞を自在に操れるようになればなるほど、その人のフランス語には磨きがかかるはずです。したがって、前置詞の用法をノートにまとめる（質を重視した学習）一方で、フランス語の文に数多く接し、前置詞に対するセンスを磨くこと（量を重視した学習）も重要になります。

練習問題 1

次の(1)～(4)の（　）内に入れるのに最も適切なものを、下の①～⑧のなかから1つずつ選び、解答欄のその番号にマークしてください。ただし、同じものを複数回用いることはできません。

(1) À mon avis, elle va (　　　) ses soixante ans.
(2) Je te fais cette proposition (　　　) ton intérêt.

(3) La crise est (　　) nous. On peut donc être optimistes.
(4) Le député a finalement rompu (　　) les socialistes.

① à　　　　　② avec　　　　③ dans　　　　④ de
⑤ derrière　　⑥ devant　　　⑦ sous　　　　⑧ sur

(06)

解説 (1) aller sur のあとに年齢ないしはそれに類した語がくると、「ある年齢に近づく、もうすぐ～歳になる」の意味になります。成句ですので覚えておく必要があります。ここでは、À mon avis, elle va (sur) ses soixante ans.「私が思うに、彼女はもうすぐ60歳に手が届くだろう」となります。

(2) dans l'intérêt de ~「～の利益になるように」という表現を知っているか否かがポイントになります。ここで使われている dans は、「行為の対象や目的」を引き出す前置詞で、「～に対する、～を目標とした」の意味で使われています。たとえば、On a confiance dans le dollar.「ドルは信頼されている」で使われている dans と本質的には同じ用法だと言えます。ちなみに、contre l'intérêt de ~ は「～の利益に反して」の意味になります。

(3) La crise est (derrière) nous.「危険はわれわれのうしろにある」、つまりは「危険はわれわれのうしろに去った」という意味で、比較的イメージしやすい表現だと思われます。そうひんぱんに出てくる言い回しではありませんが、作文などに使える貴重な表現ですので覚えておきましょう。

(4) rompre avec ~「～と関係を絶つ、縁を切る」という慣用的な表現です。avec という前置詞は「同伴、所属、一致」などの意味で使われることが多いのですが、「対立関係」を表わすこともあるので、注意が必要です。たとえば、「対独戦争」は la guerre avec l'Allemagne となります。また、Il s'est battu avec son ami.「彼は友人とつかみ合いのけんかをした」といった使い方もできます。

解答 (1) ⑧　(2) ③　(3) ⑤　(4) ②

練習問題 2

次の(1)〜(4)の (　　) 内に入れるのに最も適切なものを、下の①〜⑧のなかから1つずつ選び、解答欄のその番号にマークしてください。ただし、同じものを複数回用いることはできません。

(1) Bientôt, je serai fixé (　　) ses intentions.
(2) Il faut envisager ce problème (　　) toute sa complexité.
(3) Ma mère m'a laissé un cahier qu'elle avait noirci (　　) notes.
(4) Tu ne veux jamais rien changer (　　) ta position !

① à　　② dans　　③ de　　④ en
⑤ par　　⑥ pour　　⑦ sous　　⑧ sur

(07)

解説 (1) fixer *qn* sur 〜 は、「（人を）〜に固定する」という原義から、「（人に）〜をはっきり知らせる」という意味になります。これが受動態の être fixé sur 〜 となると、「〜（について）はっきり知らされた、よくわかった」という意味になります。したがって、Bientôt, je serai fixé (sur) ses intentions.「まもなく彼（彼女）の意図がはっきりわかることになるだろう」という文ができあがります。

(2) 前置詞が入らない段階で、すでに「この問題は、そのあらゆる複雑さを考慮に入れて検討せねばならない」程度の意味になると推測できます。ここでは成句的な知識は役立ちません。むしろ、「限定、領域」を表わす dans の用法を知っているか否かがポイントになります。たとえば、Elle est simple dans ses attitudes.「彼女はその態度において素朴である」、つまり「彼女は態度に気どりがない」のように使えます。ここでも、(dans) toute sa complexité「その（問題の）あらゆる複雑さの領域内で（考察すべきだ）」という使い方になっています。

(3) Ma mère m'a laissé un cahier qu'elle avait noirci (de) notes.「母は書

き込みで真っ黒にしたノートを私に残してくれた」となります。これは、「原因、材料」を示す de で、基本的な用法と言えますが、成句的表現ではないため、前置詞 de の機能的用法に習熟していなければ正解には達しません。

　(4) ne rien changer à ~「~をまったく変えない」という成句的表現です。したがって、Tu ne veux jamais rien changer (à) ta position !「君は自分の立場（意見）をまったく変えようとしない」という意味になります。ただし、この成句的表現を知らなくても、前置詞 à が「~に、~に対して」という「動作の対象への方向性」を示すことがわかっていれば、十分に解けるはずです。つまり、「自分の立場（意見）に対して、なにひとつ変えようとしない」と理解できるのです。たとえば、Cela ne change rien à l'affaire.「そんなことで事情はなにひとつ変わらない」といった表現における à も、まったく同じ用法だとわかるでしょう。

解答　(1) ⑧　(2) ②　(3) ③　(4) ①

練習問題 3

　次の(1)～(4)の（　）内に入れるのに最も適切なものを、下の①～⑧のなかから1つずつ選び、解答欄のその番号にマークしてください。ただし、同じものを複数回用いることはできません。なお、①～⑧では、文頭にくるものも小文字にしてあります。

(1) C'est (　　) six à trois que l'équipe japonaise a gagné le match.
(2) Les querelles ont empêché les dirigeants d'y voir clair (　　) temps voulu.
(3) On ne peut plus déposer de réclamation (　　) le délai.
(4) (　　) qui la faute si cette affaire finit par une mésaventure ?

　　① à　　② avec　　③ contre　　④ durant

⑤ en　　　⑥ par　　　⑦ passé　　　⑧ sous

(08)

解説　(1) par が入ります。「6対3というスコアで、日本チームはその試合に勝った」。ここでの par は、スポーツの試合のスコアを引用する際に使われるものです。La France a battu la Chine par 3 à 1.「フランスは中国に3対1で勝った」などと使えます。

(2) (en) temps voulu となります。「争っていたために、指導者たちはその点を見抜く機を失った」という意味です。voir clair dans (en) ~ (= y voir clair) は「~を見きわめる、見抜く」、en temps voulu (au moment voulu) は「ちょうどよいときに」の意味から、以上のような文になります。

(3) On ne peut plus déposer de réclamation (passé) le délai.「期限が切れているので苦情を申し立てることはできない」となります。前置詞としての passé は、「~を過ぎると」の意味で使われます。こうしたあまりなじみのない前置詞にも注意しましょう。

(4) (À) qui la faute si cette affaire finit par une mésaventure ?「この一件がひどい結果に終わったとしたら、いったいだれのせいだ?」となります。「過失はだれのものか?」という、いわゆる所属を示す à であり、比較的わかりやすい設問だと思われます。

解答　(1) ⑥　(2) ⑤　(3) ⑦　(4) ①

練習問題4

次の(1)~(4)の(　　)内に入れるのに最も適切なものを、下の①~⑧のなかから1つずつ選び、解答欄のその番号にマークしてください。ただし、同じものを複数回用いることはできません。

(1) C'est un lieu magnifique (　　) qui aime réfléchir tout seul.
(2) Mettons les deux textes (　　) regard.
(3) Nous sommes tous tenus (　　) la discrétion.

(4) Qu'importe cette difficulté (　　) tant d'avantages !

① à　　② chez　　③ de　　④ devant
⑤ en　　⑥ pour　　⑦ sous　　⑧ sur

(09)

解説　(1) C'est un lieu magnifique (pour) qui aime réfléchir tout seul.「たったひとりで考えごとをするのが好きな人にとって、そこはすばらしい場所だ」という意味になります。関係代名詞の qui が、先行詞をともなわずに「～する人、～するもの（こと）」の意味となりうることを知っている必要があります。たとえば、Nous sommes attirés par qui nous flatte.「われわれは、お世辞を言ってくれる人に惹かれる」などとも使えます。この場合 par qui は、par celui qui と書きかえられます。この設問の文も、pour celui qui と言いかえることが可能です。

(2) Mettons les deux textes (en) regard.「2つのテキストを対比してみよう」という意味になります。regard には古くから「方向、向き」という語義があり、en regard で「向かい合わせの、対比させた」という意味になります。設問文で使われている mettre ~ en regard「～を対比する」という表現も覚えておきましょう。ついでに言えば、un texte grec avec traduction en regard「対訳付きのギリシア語テキスト」といった使い方もできます。

(3) Nous sommes tous tenus (à) la discrétion.「私たちはみな、秘密を守る義務がある」という意味になります。être tenu à ~「～を義務づけられる、～の義務がある」という成句的表現を覚えてください。なお、tenir à ~「～に執着する、ぜひ～したい」という表現と明確に区別して使う必要があります。

(4) Qu'importe cette difficulté (　　) tant d'avantages !「これほど多くの利点にくらべたら、そんな困難などたいしたことないではないか」という意味になります。ここでの devant は、比較の対象や判断の根拠を示しており、「～とくらべて」の意味で使われています。

解答　(1) ⑥　(2) ⑤　(3) ①　(4) ④

練習問題 5

次の(1)～(4)の( )内に入れるのに最も適切なものを、下の①～⑧のなかから1つずつ選び、解答欄のその番号にマークしてください。ただし、同じものを複数回用いることはできません。なお、①～⑧では、文頭にくるものも小文字にしてあります。

(1) Jeanne, tu peux couper ce gâteau ( ) moitié, s'il te plaît !
(2) Le président vous accueillera ( ) bras ouverts.
(3) Mon fils est porté ( ) la boisson et je suis inquiète.
(4) ( ) les circonstances, ils ne devraient pas vendre leurs actions.

① à　　② après　　③ de　　④ par
⑤ pour　　⑥ sous　　⑦ sur　　⑧ vu

(10)

解説 (1) Jeanne, tu peux couper ce gâteau (par) moitié, s'il te plaît !「Jeanne、できたら、このケーキを半分に切っておいて！」という意味になります。なにかを半分にする場合には、par moitié「半分に」を用います。à moitié という熟語も存在しますが、こちらは「半ば、半分、ほとんど」という意味となり、Cette carafe d'eau est à moitié vide.「この水差しは半分からだ」のように使います。前者は「行為」、後者は「結果の状態」を表現する、と覚えておけばいいでしょう。

(2) Le président vous accueillera (à) bras ouverts.「大統領はあなた方を喜んで迎え入れることでしょう」という意味になります。à bras ouverts は「もろ手をあげて、歓迎して」を意味する熟語表現です。à bras のみだと、「(機械の力を借りずに)手で、手動で」の意味になります。たとえば、moulin à bras は「手動製粉機」の意味となります。この際、両方とも覚えてしまいましょう。

(3) Mon fils est porté (sur) la boisson et je suis inquiète.「息子が酒びたりなので、心配でたまりません」という意味になります。être porté sur ~「~が大好きである」を使った熟語表現です。ここでの la boisson は「アルコール類」の意味で使われています。したがって、être porté(e,s) sur la boisson は、「アルコールが（依存症になるほど）好きである」という意味になります。なお、être porté à ~「~する傾向がある」と区別してください。たとえば Mon fils est porté à la colère.「息子は怒りっぽい」のように使えます。

(4) (Vu) les circonstances, ils ne devraient pas vendre leurs actions.「状況から判断して、彼らは持ち株を売るべきではなかろう」という意味になります。判断の根拠を示す vu という前置詞は文語調の文章でときどき出会う重要な前置詞ですので、この機会にぜひ覚えてください。なお、vu que ~「~なので、~であるから」という従属節をみちびく使い方もあります。Il faut renoncer à cette dépense, vu que les crédits sont épuisés.「予算がもう底をついているので、その出費はあきらめなければならない」のように使えます。

解答 (1) ④ (2) ① (3) ⑦ (4) ⑧

4

時事用語や常用の複合語を穴うめで完成させる問題です。範囲は政治（軍事をふくむ）・経済・文化・社会・日常生活の領域など多岐にわたっており、なかには複数領域にまたがるものもあります（以下の「練習問題」では便宜上5つの領域に分けておきました）。この問題で問われる表現は、フランスのメディアに日常的に接していれば、また、フランスでの日常生活になじんでさえいれば、いずれも「既視感」のある基本的で重要な表現ばかりです。ただし、日本語とは発想のことなる表現を用いるケースも多いので、意識的に覚える努力もおこたってはなりません。とにかく、特定の分野にかたよることなく、日ごろから新聞や雑誌などで、アクチュアルな語彙に繰り返し接するよう心がけてください。また、うろ覚えでは歯が立たないので、実際に書いてみて正確なつづりをマスターすることも重要です。

　仏検対策の勉強としては、ポイントは2つあるでしょう。1つは、長期的に使用される可能性の高い時事用語（日常生活にかかわるものをふくむ）を覚えることです。「国連安全保障理事会」、「領海」、「ラッシュアワー」などの用語がこれに該当します。こうした語彙は、時事用語集などを参考にしてノートにまとめておくと便利です。もう1つは、新しい事態の出来とともにマスコミ用語として多用されるようになる語彙です。2011年の夏の時点で言えば、（反）原発関連や自然災害、救援活動などに関する用語、株式市場や為替市場にまつわる専門用語、あるいは「検索エンジン」といったコンピューター関連用語などがあげられるでしょう。こうした語彙は、対応するフランス語に出会うたびにメモしておくとよいでしょう。

練習問題

　次の日本語の表現(1)〜(15)に対応するフランス語の表現は何ですか。（　　）内に入れるのに最も適切な語（各1語）を、解答欄に書いてください。

政治・軍事：

(1) 二国間協定　　　　un accord (　　　)　　　(08)
(2) 新興国　　　　　　les pays (　　　)　　　　(07)
(3) 先制攻撃　　　　　une attaque (　　　)　　　(06)

経済：
(4) 累進税　　　　　　　l'impôt (　　　)　　　　　(08)
(5) インサイダー取引罪　un délit d'(　　　)　　　(06)
(6) 非営利団体　　　　　une association à but non (　　　)

文化：　　　　　　　　　　　　　　　　　　　　(10)
(7) 有人飛行　　　　　　un vol (　　　)　　　　　(10)
(8) 高速通信網　　　　　le réseau à haut (　　　)　(09)
(9) 検索エンジン　　　　un (　　　) de recherche　(06)

社会：
(10) 生体認証　　　　　　l'identification (　　　)　(08)
(11) 代理母　　　　　　　une mère (　　　)　　　　(08)
(12) 食中毒　　　　　　　une (　　　) alimentaire　(07)

日常：
(13) 単親家族　　　　　　une famille (　　　)　　　(10)
(14) 慢性疾患　　　　　　une maladie (　　　)　　　(09)
(15) 熱帯低気圧　　　　　une (　　　) tropicale　　(07)

　解説　(1)「二国間協定」は、un accord (bilatéral) となります。bi-（2つ）＋ latéral（側面の）という要素に分解できる単語です。les relations bilatérales entre la France et le Japon「フランスと日本の二国間関係」といった使い方もできます。

　(2)「新興国」とは、「（既成の先進国に対して）新たに頭角を現した国」、とくに「経済的な発展のいちじるしい国」を指します。そこで、「水面に浮き出る、姿を現す、頭角を現す」などを意味する動詞 émerger から派生した形容詞 émergent(s)「突然現れた、新興の」を用い、les pays (émergents) と表現します。

　(3) 軍事にかかわる定型表現ですので覚えてください。日本語では「先制」となっていますが、フランス語では「相手の攻撃をあらかじめ予防する」という発想にもとづいて une attaque préventive と言います。préventif (-ve) は、「予防する」を意味する動詞 prévenir と派生関係にある形容詞です。

(4)「累進税」は l'impôt (progressif) です。ちなみに、課税標準に対し同率で課税する「比例税」は l'impôt proportionnel となります。この場合の proportionnel(le) は、「比率の定まった」という意味で使われています。

(5) 元来「奥義に通じた者」を意味する initié を使います。つまりフランス語では「インサイダー取引罪」を「事情に通じた者の犯罪」un délit d'(initié) と表現するわけです。

(6)「非営利団体」は une association à but non (lucratif) と言います。これは知らないと歯が立たない設問ですが、さまざまなメディアで使用されていますので、ぜひ覚えてください。lucratif(-ve) は「利益の多い、もうかる」を意味する形容詞で、「もうけ、利益」を意味するラテン語 lucrum に由来する語です。

(7)「有人飛行」は un vol (habité) と表現されます。潜水艦や宇宙船で「有人の」を意味する habité は、すでに 1968 年から使われています。最近なにかと話題になるテーマですので、ぜひ覚えてください。

(8)「高速通信網」は le réseau à haut (débit) と言います。débit には「小売、（水、ガス、電気などの）単位時間あたりの流量・供給量」の意味があり、これが電気通信や情報科学の分野で使われると、「情報伝達量、スループット」の意味になります。

(9)「検索エンジン」un moteur de recherche はきまった言い方ですのでそのまま覚えてください。コンピューターや携帯電話その他通信の分野の用語には、日ごろから注意したいものです。

(10)「生体認証」は l'identification (biométrique) となります。これ以外の表現は認められません。biométrique という形容詞は、「生体計測学」を意味する biométrie から派生した形容詞です。agriculture biologique「有機農業」などで使われる biologique とはことなった概念ですので、注意が必要です。

(11)「代理母」は une mère (porteuse) です。言うまでもなく動詞 porter から派生した形容詞 porteur / porteuse にあたります。これもきまった言い方ですので覚えてください。

(12)「毒」を指す合成語要素の tox(i)- / toxo- から作られた intoxication を用います。動詞は intoxiquer、形容詞は toxique となりますので、同時に覚えてしまいましょう。

(13)「単親家族」は une famille (monoparentale) と表現されます。文字どおり「単・親の」から作られた造語です。現今の家族のあり方は急速に変化し

ており、それに対応する新しい表現が次々と生みだされていますので、日ごろから注意をはらっておく必要があります。

⒁「慢性疾患」は une maladie (chronique) と言います。chronique という形容詞は、「時間」を意味するギリシア語の khronos に由来するラテン語 chronicus から派生した単語で、「永続する、慢性の」という意味で使われます。同つづりの女性名詞 chronique は、「年代記、編年記」を意味します。ちなみに、「急性疾患」は une maladie aiguë と言います。

⒂ 天気予報などでひんぱんに使われる用語で、「熱帯」がつかなくても、「低気圧」には dépression が用いられます。正確には dépression atmosphérique ですが、形容詞をともなう使用法はまれです。なお、高気圧は haute pression (atomosphérique) となります。

|解 答| (1) bilatéral　　(2) émergents　　(3) préventive
　　　　(4) progressif　　(5) initié　　　　(6) lucratif
　　　　(7) habité　　　 (8) débit　　　　 (9) moteur
　　　　(10) biométrique　(11) porteuse　　 (12) intoxication
　　　　(13) monoparentale (14) chronique　 (15) dépression

5

長文を読み、その流れに沿って、動詞を選択し、適切な形にして空欄を埋める問題です。動詞の意味や活用形に関する正確な知識が必要となるのは言うまでもありませんが、同時に、文脈で要求されている法や時制を的確に把握できるかどうかもポイントになります。こうした点にとくに注意して、新聞や雑誌の記事を読む訓練を積むとよいでしょう。その際、直説法の複合過去、半過去、大過去が同じテキストのなかで使い分けられている場合にとくに注意をはらうよう注意したいものです。この3つの時制の使い分けに慣れることは、この問題を解くうえで大きな力になるでしょう。さらに、文法的に接続法や条件法が要求される場合も、よく復習しておく必要があります。

なお、この問題の場合、まずは語群にある8つの動詞を先に頭に入れておくのがコツです。その後、一読しておおまかな筋をつかみます。次に、それぞれのカッコに入るべき動詞を選び、前後の文脈や時制および構文にかんがみて、適切な法と時制に活用していきます。その際、能動態か受動態か、という観点も見失わないことがかんじんです。

練習問題1

次の文章を読み、(1)〜(5)に入れるのに最も適切なものを、下の語群から1つずつ選び、必要な形にして解答欄に書いてください。ただし、同じものを複数回用いることはできません。

L'ancien commandant du « Queen Victoria », Morgan Hitchcock, ne se fait jamais prier pour raconter cette fameuse nuit où une vague démoniaque de 30 mètres a failli engloutir son paquebot. Mais quelle histoire ! Personne n'y (1) si la réputation du commandant Hitchcock n'avait pas été aussi bien établie. Ce témoignage étaie les innombrables récits de marins évoquant des vagues plus hautes qu'un immeuble de dix étages. Jusque-là, ils faisaient rigoler les terriens, qui les attribuaient à l'imagination fertile des marins. Mais, peu à peu, il a fallu se rendre à l'évidence. Les témoignages (2) ces dernières années. Plusieurs navires ont été heurtés par un mur d'eau d'au moins 30 mètres de haut et sont revenus au port avec des trous assez larges pour engloutir plusieurs baleines et ce, sans qu'aucun tsunami n'(3).

Voilà quelques années, après avoir perdu un bon nombre de navires dans des circonstances inexplicables, les autorités allemandes ont décidé d'enquêter. En 2000, une équipe de chercheurs a mis sur pied un programme européen (4) Max Wave. Elle a analysé méthodiquement 30 000 photos satellitaires des océans et a décelé une dizaine de murs liquides de plus de 25 mètres de haut. D'après les chercheurs de Max Wave, ces vagues géantes pourraient naître de la confrontation de deux courants forts. Mais certains chercheurs émettent une autre hypothèse : par tempête, le vent limiterait l'élévation des vagues ; sa chute brutale ferait disparaître ce frein et (5) donc enfler certaines vagues. Quoi qu'il en soit, il faut construire dorénavant des bateaux capables de résister à ces vagues vampires.

baptiser   croire   laisser   rendre
s'accumuler se faire   se nourrir   signaler

(06)

解説 (1) 高さ25メートルから30メートル級の巨大な波が船を襲ったという証言が相次いだために、調査がおこなわれ、その結果「噂」が事実であることが確認されたと同時に、こうした異常な高波が発生するメカニズムに関してもいくつかの仮説がたてられている、という話です。さて、(1)ですが、si以下の条件節が大過去になっていることに着目すれば、全体とし

て条件法過去の文ではないかと推測できます。[...] si la réputation du commandant Hitchcock n'avait pas été aussi bien établie「もし Hitchcock 船長のよい評判がきわめて確固としたものになっていなかったならば」とありますから、「だれも（彼の）そんな話を信じなかったことだろうに」とつづければよいわけです。したがって、動詞 croire を条件法過去に活用させて、Personne n'y (aurait cru) とすれば正解になります。

(2) Hitchcock 船長の証言が出るまでは、巨大な波に関する噂は、想像力たくましい船員たちの作り話だと片づけられてきた、と話は進みます。Mais peu à peu, il a fallu se rendre à l'évidence. 「だが徐々にそれが事実であることを認めざるをえなくなった」のです。なぜなら ces dernières années「ここ数年で」証言がたくさん集まったから、とつづくことが予想されます。こうして、(2) をふくむ文は完了を表わす複合過去が入るとわかりますので、「蓄積する」を意味する s'accumuler を選び、Les témoignages (se sont accumulés) ces dernières années. 「ここ数年で多くの証言が集まった」とすればよいことがわかるでしょう。なお、過去分詞の性数一致にも注意したいところです。

(3) 港に帰還した船体には、クジラ数頭を呑み込めるほどの穴があいていることもあった、と記されています。それほどの被害が出ていながら「津波はいっさい報告されていない」とつづくと予想できます。そこで「知らせる」、「報告する」を意味する signaler を選び、それを受動態におけばよいとわかります。ただし、(3) は接続法を要求する sans que という副詞節のなかにありますから、接続法現在の受動態にする必要があります。こうして、[...], sans qu'aucun tsunami n'(ait été signalé)「津波はいっさい報告されずに」という副詞節が完成します。

(4) 説明のつかない船舶の事故がつづいたために、ドイツ当局が音頭をとって調査を開始します。2000 年に programme européen「ヨーロッパ規模の調査計画」である Max Wave「マックス・ウエーヴ」が組織されたと書かれています。こうした文脈から、名詞にはさまれた (4) には、「命名する」の意味で使える baptiser の過去分詞を入れればよいと判断できます。

(5) Max Wave「マックス・ウエーヴ」の研究者たちは、2 つの強い海流が衝突する際に異常な高波が発生するという仮説をたてました。しかし、まったく別の仮説をたてる研究者もいた、と話は展開します。それによると、[...] : par tempête, le vent limiterait l'élévation des vagues ; [...]. 「（まず）嵐

により、強風が波の高まりをおさえるようである」と記されています。deux points（：）のあとの動詞 limiterait が条件法である点に注目してください。ここでは、別の仮説を、推測や伝聞を表現できる条件法で紹介しているわけです。したがって以下のように laisser の条件法現在を入れれば文意が一貫することが了解できるでしょう。[...] ; sa chute brutale ferait disparaître ce frein et (laisserait) donc enfler certaines vagues.「風が突然やむと（波への）抑制がきかなくなり、それゆえにいくつかの波を（極端に）膨張させることになるようである」というわけです。

解　答　(1) aurait cru　(2) se sont accumulés　(3) ait été signalé
　　　　　(4) baptisé　(5) laisserait

練習問題 2

次の文章を読み、（　1　）〜（　5　）に入れるのに最も適切なものを、下の語群から1つずつ選び、必要な形にして解答欄に書いてください。ただし、同じものを複数回用いることはできません。

La police grecque a retrouvé hier une icône byzantine de la Vierge volée le mois dernier dans un monastère du Péloponnèse, et arrêté deux suspects. « C'était pour nous une question d'honneur de la retrouver », a souligné le commissaire Panayotis Freris, rappelant les importants moyens (　1　) après le vol.

La disparition de la précieuse icône avait suscité la consternation dans la région où elle était révérée comme miraculeuse. Les enquêteurs, qui dès le départ (　2　) la thèse d'un coup de trafiquants professionnels, avaient mené sur place des recherches de grande ampleur ; les congés des policiers locaux (　3　) et des renforts envoyés d'Athènes, sur la décision du commissaire Freris. Sans résultat dans l'immédiat, la police craignait que l'icône n'atteigne les frontières et qu'elle ne (4) à l'étranger, ce qui aurait rendu sa récupération presque impossible.

Les deux suspects n'ont encore rien avoué sur le procédé du vol. Selon les enquêteurs, ils se seraient laissé enfermer la nuit dans le monastère ; ils (5) par le toit dans l'église, où l'icône, normalement à l'abri, était exposée pour la fête de la Vierge.

avertir   déployer   desservir   pénétrer
privilégier   suspendre   transporter   traverser

(07)

解 説 (1) ある盗難事件に関する報道文です。冒頭は、「昨日ギリシアの警察は、ある修道院で先月盗まれた聖母のイコンを発見し、2人の容疑者を逮捕した」という一文から始まっています。引用箇所を除けば、第1段落には複合過去が用いられていることに留意しておくべきでしょう。なお、(1) は、盗難事件発覚後に、警察の威信をかけた大がかりな捜査態勢について述べた文のなかに組み込まれています。警察署長が、当時とった「大がかりな捜査（手法）」importants moyens にふさわしい動詞 déployer「展開する」を選び、過去分詞にして importants moyens (déployés) après le vol「盗難後に展開された大がかりな捜査（手法）」とすれば正解になります。

(2) 第2段落に入り、奇跡を起こすと信仰されていたイコンの盗難事件が地域社会に動揺をあたえた旨が語られます。捜査陣は当初からこれがプロの窃盗グループのしわざであろうと考え、鋭意捜査していました。この文意から、動詞は privilégier「優先する」を選び、さらに第1段落のイコンの発見と容疑者の逮捕より、時間的に先行している点をも考慮して、直説法大過去形に活用させましょう。なお、文全体の動詞 avaient mené が大過去におかれていることもヒントになります。

(3) 強力な捜査態勢をしくために、警視 Freris 氏の判断により、地元の警察官の休暇が一時的に返上された旨が語られています。そこで、動詞 suspendre「中止、中断する」を選び、かつ時間的な先行性をここでも加味して、直説法大過去に活用させます。さらに、主語が「休暇」ですから、受

43

動態にせねばなりません。こうして、[...] ; les congés des policiers locaux (avaient été suspendus)「地元の警察官の休暇は一時的に返上となった」という正解がみちびき出されます。

(4) 警察がこれほどまでに初動捜査に力を入れたのは、時間がたてば盗難品が国境を越えて外国に持ち出される可能性があり、それを一番恐れていたからです。その警察の心配の内容を記した箇所に（ 4 ）が組み込まれています。主文の動詞 craindre が従属節に接続法を要求することを考慮して、transporter「運び出す、持ち出す」を受動態に活用させ、la police craignait que l'icône n'atteigne les frontières et qu'elle ne (soit transportée) à l'étranger「警察は、イコンが国境にまで達し、外国に持ち出されるのを恐れていた」とすれば正解です。l'icône は女性名詞ですから、transportée と女性形に一致させるのを忘れないようにしましょう。なお、引用文中の2つの ne (n') は両方とも「虚辞の ne」です。

(5) 容疑者はまだ窃盗の手口についてなにも白状していませんが、捜査当局はある推測をたてています。その内容が、過去の推測を表現できる条件法過去を用いて記述されています。その推測によると、容疑者2人は夜になるまで修道院内に故意に居残り、その後、屋根から教会堂内に侵入したらしい、というのです。そこで、動詞 pénétrer を選び、[...] ; ils (auraient pénétré) par le toit dans l'église「彼らは屋根から教会堂内に侵入したらしい」とすればよいでしょう。

[解答] (1) déployés　　　(2) avaient privilégié
　　　 (3) avaient été suspendus　(4) soit transportée
　　　 (5) auraient pénétré

[練習問題3]

　次の文章を読み、（ 1 ）～（ 5 ）に入れるのに最も適切なものを、下の語群から1つずつ選び、必要な形にして解答欄に書いてください。ただし、同じものを複数回用いることはできません。

　Mettant à profit ses trajets pour aller à son travail, Alexis Morel, informaticien de Picardie, a écrit en 15 semaines, avec son téléphone portable, les 384 pages d'un roman de science-fiction. L'ouvrage, intitulé *Aventuriers de l'espace*, a été édité par le site internet Tutu.com, lancé en 2003 par Johnny Hallé, fondateur de l'éditeur de logiciels Black Hell, et (1) à plus de 20 000 exemplaires à ce jour.

Morel pratiquait l'orthographe courante sur le clavier de son combiné Noblesse, sans recourir à la syntaxe abrégée typique des messages textes envoyés par téléphone. Le texte était enregistré paragraphe par paragraphe sur le combiné avant d'(2) sur ordinateur à domicile pour une relecture et une mise en forme.

« Si ça avait été il y a quelques années, j'(3) ferme pour trouver le temps et l'éditeur nécessaires à la publication de ce livre », note Morel dans un communiqué. « Grâce à Noblesse et à Tutu, je suis fier d'être un auteur publié. »

Tutu.com propose la publication via Internet de livres, de vidéos et d'autres produits multimédias. « Ça tombait bien que ce monsieur (4) une idée romanesque et qu'il ait trouvé plus pratique d'écrire avec son téléphone et de télécharger son texte sur notre site pour en faire un livre, car c'est exactement là que (5) notre raison d'être », s'est réjoui David Lévy, porte-parole de Tutu.com.

avoir	batailler	exprimer	penser
résider	s'écouler	se perdre	transférer

(08)

解説 (1) Alexis という男性が、通勤時間を利用して携帯電話で小説を書き、インターネット上で発表したのち出版にまでこぎつけた、という話で

す。まず、よぶんな贅肉をなるべく削ぎ落として、（ 1 ）をふくむ文の骨子のみを書き出してみましょう。L'ouvrage [...] a été édité (par le site internet Tutu.com) et (1) à plus de 20 000 exemplaires (à ce jour).「その作品は（Tutu.com というインターネットサイトにより）出版され、これまでに 2 万部が（ 1 ）」となります。文脈からみて、動詞は「（商品が）はける、さばける」を意味しうる s'écouler を選び、それを、a été édité と同じ直説法複合過去に活用して、(s'est écoulé) とすれば正解になります。なお、はけた部数は推測にすぎないと考えるならば、条件法過去の (se serait écoulé) も不可能ではありません。なお、「流出する、流れ出る、（商品が）はける」を意味する s'écouler と、「崩れる、倒壊する、滅ぶ」を意味する s'écrouler とを混同しないようにしましょう。

(2) 著者の Alexis Morel は、携帯メールに特有の省略的表現を避け、ごく一般的なつづりで携帯（Noblesse という会社の携帯電話）のキーボードをたたいていく、と話はつづきます。そのあと、Le texte était enregistré paragraphe par paragraphe sur le combiné avant d'(2) sur ordinateur à domicile pour une relecture et une mise en forme.「テキストは、再読および推敲のために家のコンピューターに（ 2 ）される前に、1 パラグラフごとに携帯電話に記憶させられる」のです。文脈からみて、空欄には「移される」という意味の不定詞が入ると推測できます。そこで、動詞 transférer を選び、それを不定詞の受動態にして、(être transféré) とすればよいのです。この être transféré の意味上の主語は Le texte ですから、性数は男性単数でかまいません。

(3) Morel 氏の言葉のなかに（ 3 ）が置かれています。条件節 Si ça avait été il y quelques années, [...]. に直説法大過去が使われているので、全体として条件法過去の文だと推測できます。おおまかな意味は、「もしこれが数年前だったならば、私は、この本の刊行に必要な時間と出版社とを見つけるために、かなり（ 3 ）せねばならなかったことでしょう」となりますから、動詞は batailler「奮闘する」を選び、それを条件法過去に活用して (aurais bataillé) と記せばよいわけです。

(4) Tutu.com の広報である David Lévy のことばのなかに（ 4 ）が置かれています。「この男性が小説のアイデアを（ 4 ）いて、しかも携帯電話で書いてわれわれのサイトにダウンロードさせるほうが便利だと考えたのは好都合だった」という主旨の文です。文脈からして、動詞は avoir が適切

だとわかります。次に法と時制ですが、2つ目の従属節が、[...] qu'il ait trouvé plus pratique d'écrire [...] と接続法過去になっていることに着目すれば、(ait eu) という正解が得られるでしょう。なお、従属節が接続法になるのは、Ça tombait bien という主節が、「好都合だった」という判断を示す表現になっているからです。

(5) おなじく Lévy 氏の言葉のなかに空欄があります。携帯小説にサイトをいったん経由させたのち、本の出版へといたるやり方を、自社の特徴だと自負している部分です。« [...] car c'est exactement là que (5) notre raison d'être », [...].「なぜなら、われわれの存在理由も、まさしくそこに（ 5 ）からだ」となります。単純に「ある、存する」という言葉が浮かびますね。そこで、動詞 résider を選び、それを直説法現在の (réside) に活用すればよいとわかります。

解答 (1) s'est écoulé　(2) être transféré　(3) aurais bataillé
　　　　(4) ait eu　　　　(5) réside

練習問題 4

次の文章を読み、(1) ～ (5) に入れるのに最も適切なものを、下の語群から1つずつ選び、必要な形にして解答欄に書いてください。ただし、同じものを複数回用いることはできません。

　Le pilote du bateau soupçonné d'être à l'origine du naufrage d'une vedette de plaisance samedi sur le Rhône a été mis en examen mardi. Placé sous contrôle judiciaire par le juge d'instruction, il se voit (1) d'une interdiction d'exercer la profession de pilote de navire.

　Le drame est survenu samedi peu avant 23 heures. Selon les enquêteurs, le bateau a violemment percuté par l'arrière une petite vedette de plaisance, causant une importante voie d'eau puis le rapide naufrage de l'embarcation, louée par quatre familles. Des 12 personnes qui se trouvaient à bord de la vedette, 10 ont pu rejoindre à la nage les berges. Mais un homme de 45 ans et un garçonnet de six ans, restés prisonniers dans la cabine, (2) dans le drame.

Selon les premiers éléments de l'enquête, basés sur quelques rares témoignages seulement, le pilote, en naviguant trop vite, (3) au code du domaine public fluvial et de la navigation intérieure, ce qu'il conteste formellement. Poursuivi pour homicides et blessures involontaires, il l'est également pour usage illicite de stupéfiants : des contrôles sanguins ont révélé qu'il avait consommé de la résine de cannabis. L'homme a reconnu (4) du haschich la veille de l'accident. Pour autant, cette infraction n'est pas considérée comme une circonstance aggravante dans la mesure où il n'est pas établi que la consommation de cannabis (5) le comportement du pilote lors de l'accident, selon une source judiciaire.

contrevenir   convenir   décéder   frapper
fumer   influencer   juger   naviguer

(09)

解説 (1) 今回は、ローヌ河で起きた船の衝突事故がテーマです。レジャー用ボートが、より大きな船に衝突されて沈没し、2人の死者を出した。捜査によると、ぶつけたほうの船の操縦士にミスがあったことが発覚した、という内容です。さて、沈没の原因を作ったとの嫌疑をかけられた操縦士について語られた文が、(1) をふくむ文です。Placé sous contrôle judiciaire par le juge d'instruction, il se voit (1) d'une interdiction d'exercer la profession de pilote de navire.「予審判事によって裁判所の監督下におかれた操縦士は、船舶操作の仕事をおこなうのを禁止 (1)」となります。ここでは、(1) の直前の se voit に注意しましょう。「se voir + 属詞（過去

[I] 1次試験の傾向と対策　筆記試験 5

分詞が多い)」で「～される、～という状態になる」という受け身的表現になることを知っている必要があります。ここでの文脈から判断して、「(制裁、罰などを) 科する」を意味しうる動詞 frapper を選択し、il se voit (frappé) d'une interdiction「彼は禁止措置を科される」とするのがもっとも適切だとわかります。frapper の原義は「たたく、打つ、殴る」ですが、そこから「～を襲う、～に強い印象やショックをあたえる、罰などを科する」といったより比喩的な意味が派生しますので、その点に注意をはらうべきでしょう。

(2) 第2段落では drame「惨劇」の内容が具体的に描かれています。小さなレジャー用ボートの後部に、別の船が激しく衝突し、水流に呑み込まれて沈没。レジャー用ボートの乗船客 12 名のうち 10 名は泳いで河岸にたどりついたとの説明のあとに、(2) をふくむ文がきます。Mais un homme de 45 ans et un garçonnet de six ans, restés prisonniers dans la cabine, (2) dans le drame.「しかし 45 歳の男性と 6 歳の少年が船室に閉じ込められ、その惨劇 (のなか) で (2)」となります。文脈から容易に判断できるように、「亡くなる、死亡する」を意味する公式用語の décéder を選び、それを前文の ont pu と合うように複合過去に活用して (sont décédés) とすれば正解です。décéder は、mourir とおなじく「状態の変化」を意味する動詞ですので、助動詞は avoir ではなく être をとることに注意してください。

(3) (3) をふくむ文を訳すと「調査の結果得られた初期の情報によれば、といっても数少ないいくつかの証言のみにもとづいた情報ではあるが、操縦士は、スピードを出しすぎていたために、公共河川領域ならびに国内航行の規則に (3)。操縦士はこの点を明確に否定してはいるが」となります。contrevenir à ~「(規則、規律など) に違反する」を知っていれば、動詞は比較的容易に選べます。問題は法と時制です。直説法大過去 avait contrevenu にすると、断言口調になりますが、この文からは、初期段階の情報にすぎないこと、証言の数が少ないこと、操縦士が否認していることなど、断定をためらうような留保が数多く付加されています。したがって、過去の事柄に関する推測と見なして条件法過去の (aurait contrevenu) とするほうがより適切だと判断できます。ただし、大過去も絶対的に排除できるわけではなく、実際の試験では正解としています。

(4) 操縦士が麻薬を吸っていたことが血液検査の結果判明した、という内容の一文のあとに、(4) をふくむ文がきます。L'homme a reconnu (4) du haschich la veille de l'accident.「操縦士は事故の前日ハシシュ (大麻)

を（ 4 ）ことを認めた」とありますので、「（タバコや大麻などを）吸う」を意味する fumer を選びます。reconnaître の複合過去のあとに（ 4 ）が置かれていますので、不定法が入るのはすぐにわかります。ここで注意すべきことは、「認めた」ときと「ハシシュを吸った」ときの間に時間のずれがある点です。後者のほうがより「古い」出来事ですので、完了形の不定詞にして (avoir fumé) と記さねばなりません。

(5) 前問につづく文に（ 5 ）が置かれています。その文の意味は、「しかしながら、司法筋からの情報によれば、大麻の吸引が事故当時の操縦士の行動に（ 5 ）という点が明確にされないかぎり、こうした違反は加重情状とは見なされないとのことである」となります。文脈から influencer「影響をおよぼす」を選ぶのは比較的容易でしょう。次に活用ですが、il n'est pas établi que ~「~は確かではない」という、事実性に疑問符のつく従属節のなかでこの動詞が使われているわけですから、接続法過去に活用する必要があると判断できます。したがって (ait influencé) が正解だとわかります。

解答　(1) frappé　(2) sont décédés　(3) aurait contrevenu
　　　　(4) avoir fumé　(5) ait influencé

練習問題5

次の文章を読み、（ 1 ）～（ 5 ）に入れるのに最も適切なものを、下の語群から1つずつ選び、必要な形にして解答欄に書いてください。ただし、同じものを複数回用いることはできません。

Après une quatrième interdiction de vente des huîtres et des moules du bassin d'Arcachon depuis mai, prononcée le mercredi 22 juillet par la préfecture de la Gironde, les ostréiculteurs ont décidé de passer outre et de vendre directement leur production aux particuliers.

« Demain jeudi, nous serons tous sur nos points de vente

afin de vendre nos huîtres et nous (1) comme si de rien n'était, car on est sûr qu'elles ne représentent aucun risque », a expliqué l'un des responsables de la profession. « Jusqu'à présent, nous avons toujours respecté les règles même si nous les contestions, alors qu'en face, le gouvernement a menti et triché », (2) ce même responsable. « Cela fait la cinquième saison que le test de la souris entraîne l'interdiction de la vente. L'application de ce test a généré la disparition de nos entreprises et de leurs emplois, sans parler de la détresse et du désespoir de l'ensemble des professionnels et, en particulier, des jeunes qui viennent de s'installer », a-t-il ajouté.

La préfecture de la Gironde a interdit la consommation des huîtres et des moules du bassin d'Arcachon en raison de tests sanitaires défavorables réalisés le 20 juillet. Le ministre de la pêche qui (3) le 11 juillet dans le bassin d'Arcachon a, dans un communiqué, « pris acte » de cette nouvelle interdiction. Et il a affiché « sa détermination pour que l'on (4) en place un test alternatif qui puisse apporter davantage de précisions sur les causes de la toxicité des coquillages et sur ses conséquences sur la santé ». La méthode de référence, dite « test de la souris », est la seule à (5) au niveau européen, mais elle est contestée par les ostréiculteurs.

| autoriser | faire | mettre | poursuivre |
| savoir | se rendre | se tenir | voir |

(10)

2012年度1級公式問題集

解説 (1) ジロンド県の当局の、アルカション湾でとれたカキやムール貝の販売禁止令に対し、生産者たちが抗議をし、直接販売をおこなって対抗する、という話です。第1段落を的確に把握しておくと、以下の設問に答えやすくなります。「7月22日水曜日、ジロンド県は、5月以来4度目となるアルカション湾でとれたカキやムール貝の販売禁止令を出したが、カキ養殖業者たちは、その禁止令を無視し、生産物を直接個人に販売する決定をくだした」と記されています。第2段落で、養殖業の責任者の1人の発言がひかれています。« Demain jeudi, nous serons tous sur nos points de vente afin de vendre nos huîtres et nous (1) comme si de rien n'était, car on est sûr qu'elles ne représentent aucun risque »「明日木曜日、われわれは全員、自分たちの販売所でカキを売るつもりだ。そして、別に何ごともなかったかのように (1)。なぜなら、われわれは自分たちのカキを食べても危険などまったくないと確信しているからだ」とあります。nous (1) comme si de rien n'était「何ごともなかったかのように（ふるまう、行動する）」という意味が予測できますので、動詞は faire を選びます。次に時制ですが、直前で nous serons tous sur nos points de vente と単純未来が用いられていますので、それに合わせるのが適切です。したがって、nous (ferons) と入れればよいことがわかります。

(2) (2) の直後に ce même responsable とありますから、「同じ責任者が (2)」となります。まず引用符のなかですが、「今までは、われわれは抗議はしたがいつも規則には従ってきた。ところが政府ときたら、平気で嘘をつきインチキまでするのだからね」という意味です。つまり、もう我慢がならない、とこの責任者は「言葉をつづけた」わけです。したがって poursuivre を選び、これをその前の発言で使われた a expliqué l'un des responsables de la profession「カキ養殖業の責任者は説明した」という直説法複合過去に、すなわち (a poursuivi) と活用させればよいわけです。

(3) (3) をふくむ文の直前の一文を確認しておきましょう。La préfecture de la Gironde a interdit la consommation des huîtres et des moules du bassin d'Arcachon en raison de tests sanitaires défavorables réalisés le 20 juillet.「7月20日におこなわれた衛生検査の結果が思わしくなかったのを受けて、ジロンド県はアルカション湾のカキとムール貝の消費に対し禁止措置をとった」とあります。この7月20日という日付がヒントになります。(3) をふくむ文では、Le ministre de la pêche qui (3) le 11 juillet dans le

bassin d'Arcachon a, dans un communiqué, « pris acte » de cette nouvelle interdiction.「7月11日にアルカション湾に（　3　）水産大臣は、この新たな禁止措置をコミュニケのなかで《公式に認めた》」と述べられていますから、（　3　）には「行く、赴く」の意味で使われる se rendre を選ぶのが適切です。事態の推移を時系列順に見ると、水産大臣がアルカション湾を視察したのが7月11日、衛生検査がおこなわれたのが7月20日、水産大臣がコミュニケを発表したのが（正確な日時は不明ですが、第1段落から推測して）22日前後となります。いずれにしろ、水産大臣の視察（7月11日）は、衛生検査や正式な禁止措置（7月20日～22日）より、10日も前となります。この時系列を反映させるために、（　3　）では直説法大過去に活用する必要があります。したがって、(s'était rendu) が正解となります。

(4)（　4　）をふくむ文を検討してみましょう。Et il a affiché « sa détermination pour que l'on (　4　) en place un test alternatif qui puisse apporter davantage de précisions sur les causes de la toxicité des coquillages et sur ses conséquences sur la santé ».「そして彼（水産大臣）は、《貝類の毒性の原因とその健康への影響についてさらに正確な情報をもたらしうるような、従来の検査に代わる検査を（　4　）との決意を表明した》」とあります。ここでは、mettre ~ en place「実施する、確立する」という熟語を知っていれば、動詞は mettre が即座に選択できます。活用ですが、従属節 pour que の制約を受けますから、接続法現在すなわち (mette) が正解だとわかります。

(5)（　5　）をふくむ文を検討してみましょう。La méthode de référence, dite « test de la souris », est la seule à (　5　) au niveau européen, mais elle est contestée par les ostréiculteurs.「準拠となる検査方法は《マウス検査》と呼ばれるもので、ヨーロッパレベルで唯一（　5　）方法であるが、この方法に対してカキ養殖業者たちは抗議しているのである」とあります。ここで、être le seul(e) à という表現に注目してください。これはたとえば、Jean est le seul à pouvoir nous aider.「私たちを助けることができるのは Jean のみである」のように、あとに動詞の不定法をともなって使われます。（　5　）には選択肢の語彙のなかで、autoriser「許可する、認可する」が入ると見当がつきますが、ここでは「唯一認可されている方法」となりますので、受け身の不定法を入れねばなりません。したがって、(être autorisée) が正解となります。意味上の主語が La méthode de référence と女性単数なので、過去

分詞もそれに一致させる必要がある点にも注意してください。

解答 (1) ferons (2) a poursuivi (3) s'était rendu
(4) mette (5) être autorisée

6 空欄に文ないし文の一部をおぎなって長文を完成させる問題です。

提示されている選択肢のなかから前後の文脈にうまく合致するものを選ぶわけですが、文全体の内容や論理構成を念頭に置いたうえで解答する必要があります。そこで、まずは全体を通読しておおまかな内容を把握し、その後、空欄の前後に注意を集中するとよいでしょう。なお、受験技術的な話になりますが、先に8つの文に目を通しておくほうが、論旨の把握が楽になるはずです。また、ふだんから新聞や雑誌の記事や論説を読む際に、その論理的展開や因果関係をきちんとおさえる訓練をしておく必要があります。突然、文のつながりを見失ったような気がした場合、あるいは、展開が把握しにくく思われた場合、納得できるまで何度も読み返す習慣を身につけることも重要です。なお、物語調の文章だけでなく、論説調の文章が出題されることもありますので、特定のジャンルにかたよることなく、新聞や雑誌を読む訓練を積んでください。

練習問題1

次の文章を読み、（ 1 ）〜（ 5 ）に入れるのに最も適切なものを、右のページの①〜⑧のなかから1つずつ選び、解答欄のその番号にマークしてください。なお、①〜⑧では、文頭にくるものも小文字にしてあります。

Pour ses 5 ans, Laurine a demandé à ses parents un anniversaire « princesse ». Respectivement comptable et assistante de direction, ceux-ci ont loué un château fort gonflable de cinq mètres, offert à Laurine une tenue de Blanche-Neige et commandé un gros gâteau rose. Coût final de l'opération qui a réuni douze petits amis : 500 euros. Le credo « (1) » prend tout son sens lorsqu'il s'agit d'organiser des goûters d'anniversaire. « Pour ses 4 ans, ma fille a invité quatre amis à la maison », raconte Évelyne, une autre mère. « Ça me paraissait normal. Mais, en fait, (2) avec notre goûter bas de gamme, nos jeux tout simples et, en plus, un gâteau fait maison ! »

　Le phénomène ne cesse de croître. Du spectacle de magie sur une péniche à l'atelier-goûter dans un musée, en passant par une demi-journée dans un parc à thème, rien n'est refusé au petit qui, avouons-le, n'en demande souvent pas tant. « (3) via les enfants », souligne Roland Foret, sociologue. Cela s'inscrit dans le courant actuel où l'on offre aux enfants des initiations au sport, à la musique, aux langues, aux activités manuelles dès l'âge de 3 ans, et (4). En voulant donner toujours plus à leur enfant, les parents le font entrer de plus en plus tôt dans la spirale du spectacle, du loisir et de la consommation pour en faire un être social, cultivé et éveillé. (5) avec une vie sociale très active dès que possible. Dans ce cadre, l'anniversaire féerique avec plein d'amis est quasi obligatoire.

① il doit devenir un petit adulte
② il éprouve un désagréable sentiment de frustration
③ il n'est pas difficile de refuser une petite fête
④ la folle course continue jusqu'à l'âge de 3 ans
⑤ on a passé pour des excentriques
⑥ on est en plein dans la compétition sociale
⑦ rien n'est trop beau pour mon enfant
⑧ tout cela en plus de l'école

(06)

解　説　(1) 第1段落では、小さな子どもたちの誕生日に両親が贅を尽くす傾向が指摘されます。その後、こうした傾向は、3歳のころからさまざまな習い事を通して「社交的で文化的な」生活を子どもたちに送らせようとする風潮とつながっていることが明らかにされていきます。さて、(1) を

[I] １次試験の傾向と対策　筆記試験 ⑥

ふくむ文は、「誕生日パーティーを開くときに、（ １ ）という生活信条の意味がはっきりする」という文ですから、その「生活信条」にふさわしい選択肢を選ぶことになり、⑦ rien n'est trop beau pour mon enfant「何であれ私の子どもにとって素晴らしすぎることなどない」が正解となります。

(2) 最近の風潮に反して、豪華な誕生日パーティーを開かなかった母親の嘆きが紹介されています。あまり高級とは言えないおやつ、素朴なおもちゃ、そして自家製のケーキを自分の子どもの誕生日パーティーで供したところ、彼女が周囲からどう思われたかが（ ２ ）に入ることになります。これに適合するのは⑤ on a passé pour des excentriques「私たちは変わり者と思われてしまいました」だとわかります。この on が nous と等しい意味（「自分たち」）で使われていることに気づくかどうかがポイントになるでしょう。

(3) 贅沢な誕生日パーティーはエスカレートする一方で、テーマパークを半日借り切るといった極端な例が紹介されたあと、ある社会学者のコメントが紹介されます。「子どもを媒介として何かがおこなわれている」わけですが、この「何か」にあたるコメントが正解となります。したがって、⑥ on est en plein dans la compétition sociale「（子どもを媒介として）激しい社会的競争がおこなわれている」が正解となります。

(4) この箇所あたりから、豪華な誕生会を開く風潮が、より広い社会的傾向のなかに位置づけられていきます。３歳というひじょうに早い時期から、スポーツ、音楽、外国語学習、工作などさまざまな分野での手ほどきが子どもに施されることが述べられたのち、（ ４ ）が置かれています。もっとも適合するのは、⑧ tout cela en plus de l'école「しかもこうしたいっさいは学校にくわえておこなわれる」であると判断できるでしょう。

(5) 両親は自分たちの子どもを、極力早い段階から、演劇の鑑賞や余暇あるいは消費などのサイクルに投げ込み、子どもを「社交性や教養に富み、知的にも活発な」存在にしようと躍起になる旨が記されたのちに（ ５ ）が置かれています。（ ５ ）のあとには「できるだけ早い時期に活発な社会生活を営むことで」とありますから、この内容にもっとも合致する① il doit devenir un petit adulte「子どもは小さなおとなにならねばならない」を選ぶことになります。

解　答　(1) ⑦　　(2) ⑤　　(3) ⑥　　(4) ⑧　　(5) ①

練習問題 2

次の文章を読み、(1) ～ (5) に入れるのに最も適切なものを、右のページの①～⑧のなかから1つずつ選び、解答欄のその番号にマークしてください。なお、①～⑧では、文頭にくるものも小文字にしてあります。

　　Pédiatre de formation, Layla Bensalah a fondé en 1996 à Essaouira (Maroc) l'association « Notre Maison » pour venir en aide aux enfants des rues. « À l'époque, dit-elle, je pensais que ce serait plus simple. Je ne mesurais pas à quel point (　1　), ni l'hétérogénéité des situations auxquelles nous allions devoir faire face. » Aujourd'hui, l'association, dont les bénévoles sont appuyés par 55 salariés à plein-temps, est présente à Casablanca, à Essaouira et à Meknès. (　2　) grâce à des équipes d'éducateurs de rue. Ce sont eux qui prennent le premier contact, créent les conditions d'une première écoute avant d'envisager une solution de réinsertion. (　3　), d'autres, après avoir été placés pour travailler, ont quitté leur employeur. Le retour dans la cellule familiale est parfois possible. S'il ne l'est pas, (　4　). Mais pour aider ces jeunes à se reconstruire, à aller jusqu'au bout d'un projet de vie, il faut être en mesure de les accueillir et de les suivre pendant des années. L'association, qui travaille en bonne intelligence avec la justice, s'en est donné les moyens : elle leur offre, outre un foyer de transition, la possibilité d'être hébergés dans sept appartements où ils se retrouvent à quelques-uns en compagnie d'éducateurs. De plus, la loi marocaine permet depuis peu le placement dans des familles d'accueil. Une formule à laquelle (　5　).

① certains de ces jeunes ont quitté leur famille à la suite de mauvais traitements
② elle est chargée d'étudier la question des droits de l'enfant
③ elle va au-devant de ces enfants et de ces adolescents en rupture de ban
④ elle veut aider ces jeunes femmes célibataires
⑤ il faut que l'association soit discrète
⑥ l'accueil dans un foyer pour les jeunes peut être envisagé
⑦ la réinsertion de ces enfants pouvait être complexe
⑧ l'association pourrait s'intéresser à l'avenir

(07)

解説 (1) モロッコで、ある小児科医が、住む家のないいわゆるストリート・チルドレンを支援する団体を組織して活動をひろげている、という内容です。（ 1 ）は、支援団体を設立した当初の状況をふりかえる、小児科医の発言のなかに置かれています。« [...] Je ne mesurais pas à quel point (1), ni l'hétérogénéité des situations auxquelles nous allions devoir faire face. »「私はどれほど（ 1 ）であるかも、また、自分たちが直面することになる状況がひじょうに多様であることも、予測していなかった」という意味になります。この文意にもっともふさわしいのは、⑦ la réinsertion de ces enfants pouvait être complexe「（支援を必要としている）こうした子どもたちの社会復帰がどれほど複雑（困難）であるかということ」だとわかるでしょう。

(2) 現在この支援団体は、専従職員とボランティアたちの力で各地に活動をひろげつつあることが述べられています。その直後に、「街頭で活動する教師グループのおかげで（ 2 ）」ことが可能となっていると記されています。そのあとにつづく文では、彼ら教師がまず子どもたちとコンタクトをとり、最初の聴取をおこなう旨が説明されています。つまり、教師たちの協力のおかげで、支援団体は本来の活動をスムーズにおこなえる、というわけです。この文脈に合致するのは、③ elle (l'association) va au-devant de ces enfants et de ces adolescents en rupture de ban「協会（支援団体）は、こうした身寄りのない子どもや青少年たちを受け入れる（ことができる）」だと

わかるでしょう。

(3) 教師たちの実態調査の結果、子どもたちの置かれた状況がわかってきます。(3)の直後には、d'autres, après avoir été placés pour travailler, ont quitté leur employeur「ほかの者たちは、いったん仕事につけてもらったのに、その雇用主のもとを離れてしまった」と記されています。したがって、これとは少しことなった境遇の子どもたちも存在し、その内容が空欄に入ると推測できます。そこで、① certains de ces jeunes ont quitté leur famille à la suite de mauvais traitements「これらの若者たちのなかには、家庭での虐待のために家出をした者もいる」を選ぶことになります。ここでは、certains ... d'autres ... という構文もヒントになるでしょう。

(4) 元の家庭に戻る可能性もあるが、それが無理な場合は(4)、という内容がつづいています。つまり、空欄には「家庭に戻る」のとはことなる解決法が提示されるべきだとわかります。そこで、⑥ l'accueil dans un foyer pour les jeunes peut être envisagé「若者向けの寄宿舎への受け入れが検討される」が適切だと判断できます。

(5) 結論部とも言える問題文の最後が空欄となっているので、文の流れに注意をはらう必要があります。現在のところ、寄宿舎やアパートでの過渡的な共同生活を、不幸な子どもたちに提供することができると記されています。De plus, la loi marocaine permet depuis peu le placement dans des familles d'accueil.「さらに、つい最近、モロッコの法律によりホストファミリーでの居住も可能になっている」ので、支援団体は将来に明るい見通しをもっている、といった主旨の文がここに入ると推測できるでしょう。もっとも適切な⑧を入れて訳すと、Une formule à laquelle (l'association pourrait s'intéresser à l'avenir).「(これは) 支援団体が将来向かいうる (採用しうる) 方策である」となります。

解答 (1) ⑦ (2) ③ (3) ① (4) ⑥ (5) ⑧

練習問題 3

次の文章を読み、(1)〜(5)に入れるのに最も適切なものを、右のページの①〜⑧のなかから1つずつ選び、解答欄のその番号にマークしてください。なお、①〜⑧では、文頭にくるものも小文字にしてあります。

« Nous vous proposons un moyen de vérification du passé locatif de vos futurs locataires. » (1) par la perspective d'un locataire insolvable. Sur Internet, on compte de plus en plus de sites spécialisés qui commercialisent des listes noires de mauvais payeurs. Un phénomène sur lequel la Commission nationale de l'informatique et des libertés (CNIL) a tiré la sonnette d'alarme, dans son dernier rapport rendu public hier. « (2), sous certaines réserves : les gens qui y figurent doivent être informés pour pouvoir éventuellement contester le contenu. Et surtout (3). Dès que la personne a réglé son impayé, son nom doit être retiré de la liste », explique un responsable de la direction juridique de la CNIL. Des obligations qui ne sont pas toujours respectées, (4) par la Commission, et récemment condamnée à 15 000 euros d'amende, pour avoir constitué sous le manteau un fichier de locataires mauvais payeurs, qu'elle revendait à des agences immobilières. C'est une victime de ce fichier, « blacklistée » à son insu, à cause d'un incident de paiement survenu plusieurs années auparavant, qui a donné l'alerte en allant toquer à la porte de la CNIL. Reste que, de l'aveu même des professionnels de l'immobilier, dans un contexte de crise du logement, (5).

① c'est un peu comme le cheval qui arrive avant son cavalier
② chacun instaure ce type d'action à sa manière
③ comme le prouve le cas de cette société épinglée
④ de quoi attirer agents immobiliers ou propriétaires effrayés
⑤ la mode des listes noires n'est pas près de passer
⑥ la propriété, c'est la formation

⑦ les informations doivent être mises à jour
⑧ les listes ne sont pas illégales

(08)

解 説 (1) 過去に未払いの経験のある借家人のリストに関する話です。テーマになじみが薄いと思われますので、ていねいに読んでみてください。まず、「あなたの今後の借家人の、過去の賃貸借状況を確認する方法をご提案いたします」という業者の売込み文句から始まっています。次の（ 1 ）は少しむずかしいかもしれません。まず、空欄の直後に視線を落とすと、par la perspective d'un locataire insolvable「支払い能力のない借家人もいる可能性によって」とあります。この冒頭の par に注目しましょう。おそらく受動態ないしは過去分詞と連結するはずです。そこで選択肢のなかから、過去分詞で終わっている文を探すと、③と④にしぼられます。両者を入れてみて、より適切なのは④だとわかるでしょう。④ (De quoi attirer agents immobiliers ou propriétaires effrayés) par la perspective d'un locataire insolvable.「これ（このうたい文句）は、支払い能力のない借家人もいる可能性に、強い不安感を覚える不動産業者や家主を引きつけるものである」となります。最初の De quoi の quoi は、前置詞とともに前文の文意を受ける関係代名詞です。

(2) そのあと、支払い状況の悪い人の「ブラックリスト」がインターネット上に出まわっている旨が記されています。この現状に、CNIL という国の機関が、報告書で警鐘を鳴らした、とつづいています。（ 2 ）は、CNIL の法律部門の責任者の発言の冒頭に置かれています。空欄の直後に sous certaines réserves : [...]「一定の留保のもとに」とありますから、それに連結するのにふさわしい選択肢を選ぶと、⑧ (les listes ne sont pas illégales) sous certaines réserves : [...]「一定の留保はつくが、リスト自体は非合法ではない」となるでしょう。

(3) つづいて「留保条件」が記されていきます。まず、「そこに掲載された人々は、場合によっては記載内容に異議がとなえられるよう、その旨を知らされねばならない」のが第1点です。その直後に Et surtout （ 3 ）.「そして、とくに（ 3 ）」とつづいています。したがって、さらに重要な留保条件が入ると推測できます。もっとも適切な選択肢は、⑦ les informations doivent être mises à jour「（そしてとくに）情報は更新されていかねばならない」と

なるでしょう。

　(4) CNIL の法律部門の責任者は、「未払い分をきちんと支払った者の名前は、リストからはずされるべきである」とくくっています。しかし、こうした留保条件は、「かならずしも守られてはいない義務」であるとつづき、そのあとに（　4　）がきます。ここでも、空欄の直後に par がつづいていることから、受動態で終わっている選択肢２つのうち、残った③を入れて全体を訳してみましょう。「支払い能力の低い借家人のファイルをこっそりと作成し、それを不動産業者に転売したかどで、CNIL に摘発され、かつ最近１万５千ユーロの罰金に処せられた、ある会社の例が示すように」とうまくつながります。

　(5) 何年も前に支払い上のトラブルを起こしたことのある人が、今ごろこのブラックリストに載せられたのを知って CNIL に通報したために、この一件が明らかになったと話はつづきます。そして最後は、Reste que, de l'aveu même des professionnels de l'immobilier, dans un contexte de crise du logement, (　5　).「それでも、不動産を扱う専門家たち自身の証言によれば、住宅問題の危機という現状のなかにあっては（　5　）」としめくくられています。つまり、こうしたリストは簡単に消滅しないだろう、という主旨の文が入るはずです。したがって、⑤ la mode des listes noires n'est pas près de passer「ブラックリストの流行がすたれることはおよそ考えられない」が正解だとわかるはずです。

[解　答] (1) ④　(2) ⑧　(3) ⑦　(4) ③　(5) ⑤

[練習問題 4]

　次の文章を読み、（　1　）〜（　5　）に入れるのに最も適切なものを、右のページの①〜⑧のなかから１つずつ選び、解答欄のその番号にマークしてください。

　En architecture, quel est l'élément le plus important ? Pour Michel Duplessis, c'est le contexte. Jusque dans les années 1990, être un architecte contextuel signifiait qu'on était quelqu'un qui n'inventait rien et se contentait de (1). Mais Michel Duplessis dit toujours qu'il s'agit plutôt de trouver la pièce manquante du puzzle et que c'est donner un sens à ce qui va perdurer en même temps que le travail qu'on fait. Quand il arrive dans un lieu donné, il se pose la question de savoir si le bâtiment qu'il va construire va produire un sens par rapport à ce que nous sommes aujourd'hui. C'est cela la vraie question. Pour lui, le principal élément du contexte est l'époque. Si l'on construit un espace, un édifice pour un certain temps, celui-ci va (2), de nos références, de nos obsessions à un moment donné.

Michel Duplessis est terrorisé par les villes où l'on construit n'importe quoi n'importe où. Il est effrayé aussi de voir qu'il y a des pouvoirs qui estiment qu'on peut fabriquer une ville en quinze ans. Il nous demande de (3). Même quand elles ont été dessinées par des architectes de talent, elles ont été des catastrophes. Aux yeux de Michel Duplessis, une ville ne se décide pas. Il est important de (4) en fonction de la continuité de son territoire, de sa géographie, de son histoire : bref, de sa culture. Les gens ne viennent pas de nulle part. Lorsqu'on veut fabriquer quelque chose, il faut donc (5). L'important est de considérer que la ville est dans un continuum et qu'elle ne cesse de se fabriquer.

① chercher à savoir ce qu'elle devrait être
② devenir le témoin de nos sensations
③ dupliquer ce qui avait déjà été fait
④ fréquenter un beau lieu ou un beau paysage

⑤ le faire à partir de ce passé-là, de ces racines-là
⑥ ne jamais savoir ce qu'il allait faire
⑦ regarder ce qui s'est passé avec les villes nouvelles
⑧ tenir compte d'un véritable hiatus

(09)

解説 (1) 今回は、建築、とくに都市の建築において何が一番重要な要素となるか、に関する Michel Duplessis という建築家の見解が主題です。内容がかなり抽象的ですので、ていねいに論理を追う必要があります。さて、文頭で「建築において何が一番重要か」という問いがたてられ、それに対し Duplessis の答えは contexte「文脈」である点が紹介されます。この文全体が、この contexte を基軸にして構成されている点に注意してください。さて、(1) は、1990 年代まで、この contexte を重視してきた建築家が、周囲にどう見なされていたかを説明する文中にあります。それによると、「1990年代まで、文脈を重視する建築家という存在は、何も発明せず、(1) だけで満足している人を意味していた」ことになります。つまり、contexte を重視する建築家は、創造する能力がないという否定的なニュアンスが読み取れます。この文の直後に Duplessis の反論がつづいていることも勘案すると、(1) には、建築家の資格を疑わせるような内容が入ると予測できます。したがって、③ dupliquer ce qui avait déjà été fait「既存のものをコピーする」がもっとも適切だと判断できます。

(2) ここの空欄に的確に答えるためには、第 1 段落で Duplessis が展開している contexte 論をよく理解する必要があります。彼は、ある場所に建築物を作る場合、その建物が、現在の私たちのあり方に対し、なんらかの意味を生みだすことが重要だと述べています。さらに、Pour lui, le principal élément du contexte est l'époque.「彼にとって、文脈 contexte を構成する主要な要素は時代である」と述べられています。つまり、現代の都市空間に新たな意味を付与し、かつその時代の空気を反映した建物こそが、contexte「文脈」を重視した建造物だ、という主張です。この主旨がわかり、かつ、(2) の直後に de nos références, de nos obsessions と de で始まる語群が並置されている点に気づけば、② devenir le témoin de nos sensations が適切だとわかるでしょう。つまり、Si l'on construit un espace, un édifice pour un

certain temps, celui-ci va (devenir le témoin de nos sensations), de nos références, de nos obsessions à un moment donné.「もしある一定期間持続する空間なり建造物を作る場合、その空間ないし建造物は、ある時点における私たちの感覚や準拠や固定観念の証人（反映）となるだろう（なるべきだろう）」という意味になるわけです。

(3) 第2段落の冒頭で、近年の都市設計には、何をどこに建てるかに関する哲学が皆無であり、しかも、短期間で都市を作り上げる風潮を評価する役所が少なくないのも嘆かわしい、というDuplessisの批判が紹介されています。そのあと、Il nous demande de (3). Même quand elles ont été dessinées par des architectes de talent, elles ont été des catastrophes.「彼は（ 3 ）ように私たちに求めている。たとえそれら(elles)が才能ある建築家によって設計された場合でも、それらは大失敗に終わった」とつづいています。(3)の直後の文の主語ellesは、文脈から推定できるように、(3)のなかにふくまれているはずです。以上から、⑦ regarder ce qui s'est passé avec les villes nouvelles「新都市建設においてどのようなことが起こったのかをじっくり見つめる」が入ると判断できるでしょう。なお、ellesがles villes nouvellesを受けていることは言うまでもありません。

(4) ここは、新都市建設の大失敗の根源的な原因を探っている部分です。まず、Aux yeux de Michel Duplessis, une ville ne se décide pas. という抽象的な内容をよく理解することが重要です。多少大げさに訳せば、「Michel Duplessisに言わせれば、都市というものは、みずからの運命をみずからきめるわけではない」となります。つまり、都市は自然発生的に形成されるのではない、都市の建設には人間の確固たる関与が不可欠である、という見解が表明されているのです。これをふまえると、(4)をふくむ文の内容が推測しやすくなります。Il est important de (4) en fonction de la continuité de son territoire, de sa géographie, de son histoire : bref, de sa culture.「都市の領域や地理、歴史の連続性、つまりはその文化の連続性にかんがみて、(4)が重要である」と記されていますから、① chercher à savoir ce qu'elle devrait être「都市がどうあるべきかを知ろうと努めること」がもっとも適切だと判断できるでしょう。たとえば、日本の京都に新しい建造物を建てる場合を考えれば、この主張はすんなり頭に入るでしょう。銀閣寺の近くに50階建ての超高層マンションを作るとしたら、それは京都という都市の空間的・時間的連続性を考慮しない蛮行だと言えるはずです。

(5) 都市の建設にあたっては、地理的、歴史的、ひいては文化的な連続性をふまえつつ、その都市のあるべき姿を追求すべきだ、という主張のあと、Les gens ne viennent pas de nulle part.「住人たちはゼロの場所から来るわけではない」という、少しわかりにくい一文がつづきます。これは、都市の住人は、無色透明の存在ではない、彼らも、歴史的ないし文化的な連続性のなかに存在している、という意味です。また、(5) の直後の前半部分を見ると、やはり L'important est de considérer que la ville est dans un continuum [...]「重要なのは、都市が一つの連続体の内にあると考えることだ」と述べられています。したがって (5) には、連続性ないしは連続性の根源を示唆する⑤がふさわしいと判断できるでしょう。つまり、Lorsqu'on veut fabriquer quelque chose, il faut donc (le faire à partir de ce passé-là, de ces racines-là).「何かを作りたいときには、したがって、その過去、その根源にあたる部分を出発点として、それをおこなうべきである」となるわけです。

解 答 (1) ③ (2) ② (3) ⑦ (4) ① (5) ⑤

練習問題 5

次の文章を読み、(1) ～ (5) に入れるのに最も適切なものを、右のページの①～⑧のなかから1つずつ選び、解答欄のその番号にマークしてください。なお、①～⑧では、文頭にくるものも小文字にしてあります。

 Les formules les plus sensées en apparence peuvent se révéler stupides. Il en va ainsi de ce slogan « travailler plus pour gagner plus ». Tout un chacun conviendra qu'en augmentant sa durée de travail on peut accroître son revenu. Mais est-il certain que (1) ? Un examen des PIB* dans les pays d'Europe montre que le niveau de revenu par personne est d'autant plus élevé que la durée de travail est faible. À l'échelle d'un pays, (2). Il y a donc une corrélation assez nette, mais contradictoire, entre la durée annuelle de travail et le revenu.

À l'évidence, le niveau technologique joue un rôle. C'est pourquoi la Grèce, qui a un niveau technologique inférieur à la moyenne, a un revenu par habitant plus faible. Cependant, (3) entre des pays dont les niveaux techniques sont proches. C'est la quantité de travail fourni par la société dans son ensemble. En effet, les pays qui affichent le niveau de prospérité le plus élevé sont ceux dont (4). Cet indicateur, qui rapporte le nombre de personnes qui travaillent au nombre de personnes en âge de travailler, mesure l'accès de la population au travail. Et il est d'autant plus élevé que le taux de chômage est faible et que le pourcentage de femmes, de jeunes et de seniors en emploi est fort.

(5) de ceux qui souhaiteraient des durées plus courtes sur la semaine ou l'année, tels que les jeunes qui suivent une formation, les seniors qui ressentent la fatigue des ans ou les couples qui souhaitent consacrer plus de temps à leurs enfants. Ce n'est donc pas par des incitations aux heures supplémentaires que la France élargira l'accès à l'emploi du plus grand nombre, mais en offrant des emplois du temps et des durées de travail mieux adaptés aux souhaits et aux besoins de chacun.

*PIB：国内総生産

① ce n'est pas cela qui fait la différence
② ce qui marche pour un individu vaut pour tout un pays
③ la création d'emplois peut au contraire augmenter la durée

annuelle de travail
④ la différence devient chaque année de moins en moins évidente
⑤ la quantité de travail ne correspond pas forcément à la population
⑥ le maintien d'une durée de travail élevée risque de limiter l'accès à l'emploi
⑦ les taux d'emploi sont les plus élevés
⑧ moins on travaille, plus on gagne

(10)

解説 (1)労働時間と収入との関係を、一国のレベルで見た場合、常識的な見解がくつがえされる、という新しいものの見方を教えてくれる論説文です。論理的展開をきちんとおさえてのぞみましょう。まず（ 1 ）の前後の文の大意をとっておきましょう。「一見ひじょうに理にかなっていると思われる文言が、じつに馬鹿げているとわかる場合がある。たとえば、《働けば働くほど、稼ぎも多くなる》というスローガンはその典型だ。自分が働く時間をふやせば、それだけ収入もふやせる、という点ではだれもが合意できるだろう。だが、（ 1 ）というのは確かなのだろうか。ヨーロッパ各国の国内総生産を精査してみると、1人あたりの収入水準は、労働時間が短ければ短いほど、より高くなることが判明しているのだ」と記されています。（ 1 ）の前後では、明らかに議論の方向性が逆になっています。個人レベルの話なら、《働けば働くほど、稼ぎも多くなる》というスローガンは正しいが、一国全体のレベルで見ると、この「公式」は該当しないというわけです。したがって、話を転換させる内容をふくんだ選択肢②「一個人について言えることが、一国全体にもあてはまる」（というのは確かだろうか？）が正解となります。

(2)（ 2 ）をふくむ文とその前後を読んでみましょう。「一国レベルでは、（ 2 ）。したがって、年間労働時間と収入との間には、かなり明確だが相反する相関関係が存在する」とあります。個人レベルと一国レベルとでは、適用できる「公式」がことなる、言いかえれば、前者では《働けば働くほど、

稼ぎも多くなる》というスローガンが通用するが、一国レベルでは逆になる、というわけで、これを「相反する相関関係」と呼んでいるわけです。したがって、逆のスローガンをうたった⑧を入れると整合性がとれます。「一国レベルでは、働かなければ働かないほど、収入が増加する」となるわけです。

(3) 第2段落では、科学技術のレベルという観点が導入されています。まず、あたりまえの話から。「明らかなことだが、科学技術のレベルが一役買っている。だからこそ、平均よりも技術レベルの低いギリシアでは、住民1人あたりの収入は低い」とあります。一国の技術レベルが低いと収入も低くなるというわけです。ところが、ここから議論は別の方向に展開していきます。「しかしながら、技術レベルが接近しあっている国々の間では、(3)。重要なのは、社会が全体として提供できる仕事の量である」というわけです。どうやら、技術力がほぼ同等なら、社会全体が供給できる仕事量で、収入レベルがきまる、という話の展開が見えてきます。そこで、選択肢①を入れると正解に達すると見当がつきます。Cependant, (ce n'est pas cela qui fait la différence) entre des pays dont les niveaux techniques sont proches.「しかしながら、技術レベルが接近しあっている国々の間では、それ（技術レベル）が違いを生み出すのではない」となるわけです。

(4) 前問とも関連している箇所です。(4) の前後をまとめておきましょう。「実際、もっとも高い繁栄レベルを誇っている国々は (4)。この指標は、労働可能な年齢層のうちで実際に働いている人口から割り出され、国民がどれだけ仕事につきやすいかを示している。当然、失業率が低いほど、また働いている女性、若者、年配者の率が高いほど、この指標も高くなる」とあります。「労働可能な年齢層のうちで実際に働いている人口から割り出される」指標とは、当然、就職率を指していると判断できるでしょう。したがって、正解は⑦となります。すなわち、繁栄度がもっとも高いのは、ceux dont (les taux d'emploi sont les plus élevés)「就職率がもっとも高い国々」だとなります。

(5) 第3段落の後半をまず読んでみましょう。「したがって、フランスが最大多数の人間に仕事を提供するには、残業を勧めることによってではなく、個人の願望や必要によりよく適応したタイムスケジュールや労働時間を、うまく提供することによって可能となる」わけです。短時間しか働けない人にも就労可能な制度を構築すれば、社会全体の仕事量が結果としてふえる、というわけです。それに見合った内容が、前半にも記されていると見当をつけ

れば、⑥がもっとも適切だとわかるでしょう。(Le maintien d'une durée de travail élevée risque de limiter l'accès à l'emploi) de ceux qui souhaiteraient des durées plus courtes sur la semaine ou l'année, tels que les jeunes qui suivent une formation, les seniors qui ressentent la fatigue des ans ou les couples qui souhaitent consacrer plus de temps à leurs enfants.「長い労働時間を維持しつづけると、たとえば、研修中の若者や、歳のせいで疲れやすいシニア世代や、子どもたちにより多くの時間を費やしたいと願うカップルのように、週単位ないし年単位での労働時間をより短くしたいと願う人々が、仕事につくことを制限してしまう危険がある」となるわけです。

解 答 (1) ② (2) ⑧ (3) ① (4) ⑦ (5) ⑥

7

2ページ目にはみだすこともあるかなりの長文を読み、その後に提示された6つの文の内容が問題文の内容に一致しているか否かを判断する問題です。

長い文全体の論旨を的確に把握することがなによりも重要ですが、同時に、選択肢の短文の意味をも正確につかみ、判断の根拠となる箇所をすばやく見つけられるか否かもポイントになります。受験技術的な話になりますが、先に選択肢の6つの文を読んでおくのも一法でしょう。言うまでもありませんが、新聞や雑誌の比較的長い記事を、短時間で読み理解する訓練を積むように努める必要があります。たとえば雑誌1ページの記事を、辞書をひかずに2回ほど速読したのち、重要なポイントをフランス語で箇条書きにしてみる訓練などは、この問題の対策にはきわめて有効だと言えます。さらに、記事の内容を10行、5行、2行、1行、最後はひと言でまとめてみる（フランス語でも日本語でもよい）という訓練もひじょうに役立つはずです。

[練習問題1]

タラ漁に関する次の文章を読み、右のページの(1)〜(6)について、文章の内容に一致する場合は解答欄の①に、一致しない場合は②にマークしてください。

Les stocks de morue dans l'Atlantique Nord se sont effondrés depuis les années 1990. Le Canada et l'Organisation des pêches de l'Atlantique Nord-Ouest (OPANO) ont pris diverses mesures (quotas de pêche, moratoire, interdiction de la pêche commerciale) pour éviter le pire, mais rien n'y a fait. Avec les années, les stocks ne se rétablissent pas.

Bien des raisons ont été avancées pour expliquer cette situation. Notamment la surpêche dans les eaux internationales comme dans les eaux canadiennes ; la hausse exponentielle de la population de phoques, qui s'alimentent en poissons ; le refroidissement des eaux du Golfe du Saint-Laurent et de l'Atlantique Nord.

　Une étude récemment publiée aux États-Unis apporte un éclairage nouveau sur cette incapacité de l'espèce à se régénérer. Elle avance que la pêche de poissons de grande taille entraîne une transformation génétique de l'espèce. À cause d'une pêche intensive, la morue se serait en quelque sorte programmée pour disparaître, en intégrant des facteurs qui nuisent à son rétablissement, comme le fait de réduire la taille de ses spécimens, lesquels produisent moins d'œufs, avec des alevins qui meurent plus jeunes et qui grandissent beaucoup moins vite.

　Selon une autre étude, canadienne celle-là, dans le Golfe du Saint-Laurent, la situation est à ce point tragique que le stock s'achemine vers l'extinction pure et simple. Dans les autres zones, en revanche, un arrêt total de la pêche pourrait — lentement — renverser la situation et permettre un certain rétablissement des stocks. Mais une telle interdiction, en haute mer, n'est nullement à l'ordre du jour.

　Les chercheurs proposent ainsi de n'autoriser que les prises de poissons de taille moyenne et de laisser les plus gros et les plus petits à l'eau. Raison avancée : l'absence de régénération défie la théorie actuelle des pêcheries, qui postule que la pêche n'a pas d'impact sur la génétique des poissons et qu'elle contribue au rétablissement des stocks en laissant moins de spécimens en concurrence pour la nourriture.

(1) Dans les eaux internationales, l'interdiction totale de la pêche qui sera bientôt imposée pourrait inverser la tendance

à l'extinction.

(2) En laissant les morues grosses et petites et en autorisant seulement la pêche des spécimens de taille moyenne, la régénération deviendrait possible.

(3) Jusqu'ici on croyait que la pêche elle-même n'était pas forcément néfaste à la reproduction, la concurrence pour la nourriture en étant atténuée.

(4) La limitation du volume, l'interruption ou l'interdiction de la pêche ont été efficaces pour empêcher l'effondrement des stocks de morue.

(5) La pêche de morues de grande taille amènerait la diminution de la taille, la production moindre d'œufs ainsi que la mort précoce et le retard du développement des jeunes poissons.

(6) L'augmentation du nombre de phoques a été considérée comme une des causes de l'effondrement des stocks de morue.

(06)

解説 北大西洋を中心とする海域でタラが絶滅に向かいつつあり、最新の仮説などを紹介しながらその理由を探ると同時に、絶滅に歯止めをかける方法をも模索すべきだ、という内容の文章です。
(1) この文では「公海上ではタラの全面的禁漁がまもなく実現し、種の絶滅に向かっている現在の傾向が逆転するだろう」と述べられています。本文

[I] 1次試験の傾向と対策　筆記試験 7

の第4段落の後半を読むと、いくつかの海域においては、仮に全面的禁漁を実現できれば、状況は徐々にではあるが好転し、タラの資源量を回復させることもありうる、しかしながら、沖合における禁止措置はまったく日程にのぼっていない、と記されています。したがって、この文は本文の内容に一致しません。

(2) 第3段落に記されているアメリカの研究結果によると、大型のタラの大量捕獲は、タラの遺伝情報に影響をあたえ、生命力や繁殖力の弱い小型のタラが主流となり、やがて絶滅する可能性すらあると指摘されています。また最終段落では、大型と小型のタラを捕獲しなければ、小型化へと向かう遺伝情報を遮断できるのではないか、という内容がほのめかされています。したがって、この文は本文の内容と一致します。

(3) この文の意味は「これまで、漁自体は、餌を奪い合う魚の個体数を減らすので、種の繁殖にとってはかならずしも有害ではない、と考えられてきた」となります。最終段落にこれとほぼ同じ仮説が紹介されていますから、本文の内容と一致します。

(4) 第1段落で、タラの資源量を回復させるために多様な措置がとられてきたが、どれも効果はなかったと明言されています。したがって「漁獲量の制限、休漁、禁漁は、タラ資源の枯渇を防ぐのに効果的だった」というこの文は、本文の内容に一致していません。

(5) 本文の内容（おもに第3段落）を要約しておきましょう。まず、アメリカの最近の研究によると、タラの捕獲がタラの遺伝情報に影響をあたえている、と記されています。そのこまかい説明は以下のとおりです。大型のタラの捕獲により、タラは一種の自己防衛策として小型化へと向かっていく（大型だと捕まってしまうので）。次に、小型化によりタラが産む卵の数が減少し、その卵から生まれた稚魚はより早期に死んだり発達不良に見舞われたりする、というわけです。(5)の文は本文のこの内容に一致しています。

(6) 「アザラシの数の増加が、タラ資源の枯渇の原因の1つと考えられた」という意味のこの文は、タラ資源の大幅な減少の理由を列挙した第2段落の内容とぴったり一致しています。

解答 (1) ②　(2) ①　(3) ①　(4) ②　(5) ①　(6) ①

練習問題 2

次の文章を読み、右のページの (1) ～ (6) について、文章の内容に一致する場合は解答欄の①に、一致しない場合は②にマークしてください。

L'euro est par définition une monnaie baladeuse. Depuis janvier 2002, trois équipes de chercheurs, issues de l'Institut national d'études démographiques (INED) et du CNRS, étudient l'origine des pièces détenues par les Français. Ces études permettent de mieux connaître les flux touristiques, de repérer les régions reliées avec les pays européens, voire d'anticiper la circulation des épidémies.

Plus de cinq ans après la création de l'euro, l'effet de frontière demeure fort : les pièces belges sont fortement présentes dans les porte-monnaie des habitants du nord de la France, tout comme les pièces italiennes dans le Sud-Est et les pièces allemandes dans les régions de l'Est. En revanche, les pièces espagnoles sont présentes partout, même si l'on exclut du décompte les pièces de 50 centimes à l'effigie de Cervantès, distribuées massivement en France dès 2002. « C'est l'effet corridor », explique Claude Landgras, géographe à l'université Paris IV. « En Europe, la circulation Nord-Sud domine. Lorsqu'une personne du nord de l'Europe va en Espagne, elle laisse des pièces belges, néerlandaises ou allemandes en France à l'aller, et des pièces espagnoles au retour ».

Selon le géographe, les pièces européennes investissent trois types de régions : les zones frontalières, où les contacts sont fréquents, mais limités dans l'espace ; les métropoles urbaines, où les voyages sont moins fréquents, mais d'où les pièces ne repartent pas aussi vite ; les zones touristiques, qui attirent beaucoup de monde, mais seulement une fois par an.

La répartition des euros présente en outre quelques particularités régionales. Si on n'observe pas, en Île-de-France, davantage d'euros européens que dans les autres régions françaises, on y trouve plus de pièces rares, frappées en Finlande ou en Grèce. Les pièces des Pays-Bas se retrouvent souvent à la campagne, les touristes néerlandais ayant tendance à séjourner dans les campings.

« Le mélange ne sera jamais parfait, les banques centrales mettant régulièrement sur le marché de nouvelles pièces nationales », ajoute Claude Landgras. Avec ses collègues, il se félicite d'avoir montré plus de clairvoyance que les mathématiciens qui avaient prévu un mélange rapide, mais avaient « négligé le fait que les pièces arrivées dans un pays sont susceptibles de se perdre, de repartir ou d'être emportées dans un pays extérieur à la zone euro », explique le géographe.

(1) Contrairement aux mathématiciens, les géographes se montraient plutôt sceptiques sur l'idée d'un mélange rapide des pièces européennes.

(2) La distribution massive de pièces de 50 centimes à l'effigie de Cervantès ne justifie pas à elle seule la forte présence des pièces espagnoles sur le territoire français.

(3) La répartition régionale des euros confirme la tendance à la diminution de l'effet de frontière.

(4) Le fait qu'on trouve en Île-de-France plus de pièces rares que dans les autres régions françaises s'explique par l'effet corridor.

(5) Le mélange des euros peut être favorisé par le fait que les pièces arrivées dans un pays sont susceptibles d'être emportées à l'extérieur de la zone euro.

(6) Même si les voyages y sont moins fréquents, les pièces européennes tendent à s'accumuler dans les métropoles dans la mesure où elles tardent à en repartir.

(07)

解説 国ごとにことなったデザインで鋳造される EU の通貨ユーロ (euro) の流通の動きから、観光客の流れや関係の深い国、ひいては伝染病の伝播経路まで予測できるという内容です。とくにフランス人が保有するユーロ硬貨の出所 (つまり鋳造した国) を調べると、EU 内での人間の動きにくわえて、特定の貨幣の流通状況もわかるという興味深い分析がなされています。

(1)「数学者とは反対に、地理学者たちは、ヨーロッパ貨幣が迅速に混じり合うという見解に懐疑的であった」という内容の文です。最後の段落を読むと、貨幣の迅速な混合を主張した数学者たちは、いくつかの重要な要素を見落としていた、と記されていますから、本文の内容に一致します。

(2) セルヴァンテスの肖像を打った 50 サンチーム硬貨が 2002 年にフランスで大量に供給されたのは事実だが、それだけでは、スペインの硬貨がフランス国内で大量に出まわっていることを説明できない、という内容の文です。第 2 段落を読むと、この 50 サンチーム硬貨を計算からはずしても、スペインの硬貨はフランス全土で多く見いだせると記されています。地理学者 Claude Landgras によると、これは、「南北間の往来」が、人々の流れの主流を占めていることに起因するようです。Landgras は、北方の国々の人々がスペインからの帰りにその硬貨を落としていく、「回廊効果」に起因する

現象である、と説明しています。したがって、(2)は本文の内容に一致しています。

(3) ユーロの地域的分布を見ると、国境は硬貨の流通に大きな影響をあたえていない、という内容の文です。しかし、第2段落の冒頭から数行を読むと、ベルギーの硬貨はフランス北部に、イタリアの硬貨は南東部に、そしてドイツの硬貨は東部に多く見いだせると記されています。つまり、[...] l'effet de frontière demeure fort「国境の影響は強く残っている」わけで、本文の内容とは一致しません。

(4)「フランスの他の地方とくらべて、イル・ド・フランス地方にめずらしいユーロ硬貨がより多く見いだせる事実は、回廊効果によって説明できる」という意味の文です。第4段落を読むと、イル・ド・フランス地方には、EU内の他国の硬貨が他地方にくらべてとくに多く見つかるわけではないが、フィンランドやギリシアで鋳造されためずらしい硬貨は他にくらべて多い、と記されています。ギリシアは南の国ですが、おもにスペインと北欧の間の往来を根拠とする「回廊効果」とは無関係です。むしろ、遠くからの旅行者が集まりやすい大都会の特徴である、というニュアンスが行間から感じ取れます。したがって、この文は本文の内容に一致しません。

(5) ある国に入ったユーロ硬貨が、EU圏外に運ばれることで、ユーロ硬貨の混合が進む、という主旨の文です。最終段落の地理学者の指摘によれば、ある国に入ったユーロ硬貨は、国内での紛失やEU圏内への再流出、およびユーロ圏外への流出などが原因となって、迅速に混合が進みにくいとされています。したがって、本文の内容とは一致しません。

(6) 主要都市では、旅行客の数はけっして多くはないが、各国のユーロ硬貨がふたたび別のユーロ圏に流出しにくい傾向があるため、そこにとどまりやすい、という主旨の文です。これとほぼ同じ指摘が第3段落にそのまま見つかるので、本文の内容に一致します。

解　答　(1) ①　(2) ①　(3) ②　(4) ②　(5) ②　(6) ①

練習問題3

次の文章を読み、右のページの(1)〜(6)について、文章の内容に一致する場合は解答欄の①に、一致しない場合は②にマークしてください。

Sous l'effet du réchauffement climatique, d'ici à la fin du siècle, la calotte glaciaire* de l'Arctique pourrait disparaître durant la période estivale. Le scénario atterre les scientifiques, mais exacerbe déjà les tensions entre les États riverains. C'est la Russie qui, la première en 2007, a envoyé une mission militaire et scientifique pour planter son drapeau à 4 200 mètres sous l'eau. La même année, différents pays, dont le Canada, les États-Unis, le Danemark, ont envoyé leurs troupes vers la banquise. En effet les appétits y sont grands : le pôle Nord abriterait un quart des réserves mondiales de pétrole et de gaz.

Quant à la revendication territoriale sur le Pôle, le Canada a été le premier à la formuler en 1925. Une proclamation théorique, restée lettre morte. Depuis, il s'en est suivi diverses revendications et proclamations. En 1982, la Convention des Nations unies sur le droit de la mer a défini le terme « plateau continental », qui, selon elle, comprend les fonds marins et leur sous-sol « jusqu'au rebord externe de la marge continentale », et les pays côtiers peuvent exercer des droits souverains sur le plateau continental aux fins de son exploration et de l'exploitation de ses ressources naturelles. Mais pour obtenir ces prérogatives, il faut déposer une demande aux Nations unies et prouver que la zone concernée est bien le prolongement du territoire initial. Ayant ratifié la Convention en 1997, la Russie a été le premier pays à déposer en 2001 sa demande concernant entre autres la zone autour de l'Arctique. En examinant cette demande, la Commission des Nations unies a conclu que les données fournies par Moscou ne suffisaient pas. L'expédition russe de 2007 avait donc pour but de préciser les limites de ce fameux plateau continental.

Le Canada, lui, est particulièrement concerné par les prérogatives sur le passage du Nord-Ouest. Mythique pendant des siècles, cette voie sinueuse relie l'Atlantique au Pacifique, faisant gagner environ 5 000 kilomètres entre l'Europe et l'Asie par rapport à l'itinéraire empruntant le canal de Suez. Le Canada affirme qu'elle appartient à ses « eaux intérieures historiques ». Les États-Unis soutiennent qu'il s'agit d'un détroit international, vision partagée au sein de l'Union européenne. À terme, la disparition des glaces risque de transformer le passage en autoroute commerciale, envoyant par le fond la souveraineté du Canada sur cette zone.

Tandis que la glace fond, les tensions montent dans l'Arctique.

*calotte glaciaire：氷床

(1) Emprunter le passage du Nord-Ouest réduit d'à peu près 5 000 kilomètres l'itinéraire entre l'Europe et l'Asie.

(2) En ce qui concerne les prétentions canadiennes sur le passage du Nord-Ouest, les pays de l'Union européenne ne sont pas opposés aux États-Unis.

(3) En 2007, plusieurs États riverains de l'océan Arctique ont mis en œuvre une exploitation du pétrole et du gaz de cette zone.

(4) La Commission des Nations unies n'a pas reconnu

d'emblée la légitimité des revendications de la Russie sur la zone arctique formulées en 2001.

(5) La Convention de 1982 a déterminé l'étendue du plateau continental qui appartient à chacun des pays côtiers.

(6) Le Canada a tiré beaucoup de profits de sa proclamation territoriale sur le Pôle formulée en 1925.

(08)

解説 北極圏に眠る地下資源をめぐって、沿岸の国々が領有権争いをしたきた経緯を、歴史的にふりかえるという内容です。話が少し複雑なので、要点を整理しながら読む必要があります。

(1) 第3段落で、北極圏を北西に結ぶ通路は、スエズ運河を利用するよりも、ヨーロッパとアジアとの距離をおよそ5千キロ縮めると言われています。したがって、この(1)の文の内容は本文に一致します。

(2) おなじく第3段落で、カナダは、北極圏を北西に結ぶ通路は、自分たちの「歴史的な国内的水路」であると主張している旨が記されています。一方、米国はこれを国際的な海峡であると主張し、EUもそれに同調している、と明記されています。したがって、この問題で「ヨーロッパ連合の国々が合衆国とは対立していない」とするこの文は、本文の内容に一致します。

(3) 第1段落を読むと、2007年にロシアが軍事的・学術的な使命をおびた使節団を派遣し、海底4,200メートルの位置に国旗を打ち込んだことがわかります。さらに、同年、カナダ、合衆国、デンマークなどの沿岸国が、部隊を派遣したと明記されています。各国がこのように触手をのばすのは、[...] le pôle Nord abriterait un quart des réserves mondiales de pétrole et de gaz「北極が、石油と天然ガスの世界の備蓄量の4分の1を蔵している可能性があるから」です。(3)の文では、「2007年に、いくつかの沿岸国がすでにこの圏内の石油やガスの開発を始めた」と述べていますから、本文の内容には一致しません。abriterait「蔵しているだろう」という推測の条件法が使われていることに注意してください。

(4) 第2段落を読むと、1982年の国連での取り決めにもとづいて、ロシアが自国領と見なす大陸棚に関して国連の特別委員会に申し立てをおこなったと記されています。ところが、それを検討した委員会は、モスクワが提出したデータは不十分だと判断したと述べられています。したがって、「国連の委員会は、ロシアの要求の正当性を即座に認めなかった」とするこの文は、本文の内容に一致しています。

(5)「1982年の協定（取り決め）は、沿岸国の各々に属する大陸棚の範囲を決定した」という文です。ところが本文の第2段落の最初には、この協定は、「『大陸棚』という表現の定義をおこなった」としか記されていません。したがって、本文の内容には一致しません。これは、かなり正確な読みを要求される設問です。

(6) 第2段落の冒頭には、1925年にカナダが北極は自国の領土だと宣言したものの、これは形のうえだけの死文に終わった、と記されています。一方、(6)の文は、「カナダが、北極を自国領と見なすという宣言により多くの利益をあげた」と結論していますので、本文の内容とは矛盾します。

解答　(1) ①　(2) ①　(3) ②　(4) ①　(5) ②　(6) ②

練習問題4

次の文章を読み、右のページの(1)〜(6)について、文章の内容に一致する場合は解答欄の①に、一致しない場合は②にマークしてください。

Désormais, les vacanciers d'Usedom ne se heurtent plus à un grillage et des fils barbelés, en plein milieu de la plage. Jusqu'ici, sur cette île de la mer Baltique, la frontière germano-polonaise était tracée dans le sable. Lorsque les accords de Schengen sont entrés en application en Pologne, la grille est tombée, mettant nez à nez les deux côtés de l'île. Or les très catholiques Polonais n'apprécient guère le goût prononcé de leurs voisins allemands pour le naturisme. Autorisé du côté allemand de la plage, puni d'amendes colossales pour « attentat à la pudeur » par la loi polonaise de l'autre côté, le naturisme change radicalement de statut en quelques mètres d'une frontière devenue invisible.

« Ici, dans l'est de l'Allemagne, le naturisme est une véritable tradition qui a survécu à la chute du Mur. Ce n'est plus aussi intensif que du temps de la République démocratique allemande, où le régime communiste était très favorable à cette pratique, mais nous avons gardé nos plages », explique le directeur local du tourisme. Bref, c'est la version germano-communiste de la maxime « un esprit sain dans un corps sain ». « J'ai peu de compréhension, ajoute-t-il, pour ceux qui critiquent le naturisme, surtout quand leurs arguments sont ceux de l'Église. C'est comme ça que Dieu nous a faits et je ne comprends pas pourquoi ils sont tellement coincés. »

En Pologne, en revanche, la nudité est encore un grand tabou. Pour les Polonais, « c'est inhabituel et c'est contraire à nos traditions », dit un père de famille qui refuse catégoriquement d'emmener ses enfants côté allemand, de peur de les exposer à la nudité. « C'est absolument contre-nature », renchérit un élu du parti Droit et justice. Il assimile la pratique du naturisme aux péchés condamnés par l'Église catholique et il préconise des mesures pour protéger la pudeur polonaise : éloigner la plage naturiste de la frontière et installer des panneaux de grand format à destination des promeneurs non-avertis.

(1) Dans la République démocratique allemande le naturisme était une pratique seulement tolérée par le régime.

(2) Désormais le naturisme est autorisé des deux côtés de la frontière à Usedom.

(3) Les arguments des Polonais qui s'appuient sur la position de l'Église catholique ont du poids pour les Allemands.

(4) Les Polonais jugent contraire à leurs traditions d'être nus sur la plage.

(5) Sur l'île d'Usedom la frontière entre l'Allemagne et la Pologne n'est plus tracée visiblement.

(6) Un élu polonais considère le naturisme comme un péché contre-nature.

(09)

解説 今回はシェンゲン協定の発効により、バルト海に浮かぶUsedom（ウーゼドム）島の海水浴場で起きた、倫理的、宗教的な見解の相違に端を発する「騒動」が取り上げられています。島の西側はドイツ領、東側はポーランド領です。ちなみに、シェンゲン協定は、EU域内の協定加盟国国境でのパスポート審査の廃止、国境管理の協力、共通ビザの発行等による、EU域内の人の移動の自由化などを主たる目的として締結されたものです。

(1) 設問文には「旧東ドイツでは、ヌーディスムは、当局が黙認しているにすぎない実践であった」とあります。ところが、本文の第2段落の上から4～5行目あたりには、[...] le régime communiste était très favorable à cette pratique「共産党体制はこの実践に好意的であった」とあり、また、「健康な肉体には健康な魂（が宿る）」というスローガンのもとに実践されていた、という記述も見つかりますので、この設問文は本文の内容と一致していません。

(2) 第1段落の後半を読むと、「ヌーディスムはドイツの海岸では許されて

いるが、もう一方のポーランド側の法律では、『公然猥褻罪』« attentat à la pudeur » のかどで、巨額の罰金刑に処せられる」と明記されています。したがって、「以後、ウーゼドム島の国境の両側で、ヌーディスムは許可される」という設問文は、本文の内容と一致していません。

(3) 第2段落の後半部分で、ドイツの現地観光当局者は、「ヌーディスムを批判する人々の見解は理解に苦しみます。とくにその議論が教会の論拠に準じている場合はなおさらです。神はこのように私たち人間を創造なさったのだから（裸の状態で人間を創造したことを指す）、どうして彼らがあれほど窮屈な考え方をするのか私にはわかりかねます」と述べています。したがって、「カトリック教会の立場に依拠したポーランド人の論拠は、ドイツ人にも重視されている」という設問文は、本文の内容とまったく両立しません。

(4) 本文のあちこちに、敬虔なカトリック教徒の多いポーランド人は、浜辺でのヌーディスムを好ましく思っていない、という主旨の文が見つかります。とくに顕著なのは、第3段落の最初で紹介されている、1人の父親の見解で、それによると「ヌーディスムは尋常ではないし、われわれの伝統にも反している」ことになります。したがって、「ポーランド人は、浜辺で裸になることを、自分たちの伝統に反すると考えている」という設問文は、本文の内容と一致しています。

(5) 本文の冒頭はこう始まっています。Désormais, les vacanciers d'Usedom ne se heurtent plus à un grillage et des fils barbelés, en plein milieu de la plage.「今後、ウーゼドム島を訪れる行楽客は、海水浴場のど真ん中で、金網の柵や有刺鉄線にぶつかることはないだろう」。また、第1段落の最後にも、une frontière devenue invisible「不可視となった国境線」とあります。第1段落全体を読めば、昔はあった可視の境界線が、もはや消滅したことがよくわかります。したがって「ウーゼドム島では、ドイツとポーランドの国境線はもはや目に見える形で引かれてはいない」という設問文は、本文の内容と一致します。

(6) 本文の第3段落の後半部分を読むと、ポーランドの国会議員の見解が紹介されています。議員は「ヌーディスムは完全に自然に反している」と断じており、しかも「彼は、ヌーディスムの実践を、カトリック教会が糾弾している罪の1つと見なしている」とも記されています。したがって「あるポーランドの国会議員は、ヌーディスムを反自然の罪だと考えている」という設問文は、本文の内容と一致します。

[I] 1次試験の傾向と対策　筆記試験 7

解　答　(1) ②　(2) ②　(3) ②　(4) ①　(5) ①　(6) ①

練習問題 5

次の文章を読み、右のページの(1)〜(6)について、文章の内容に一致する場合は解答欄の①に、一致しない場合は②にマークしてください。

Comme chaque année, l'association « FraterSolidarité » publie les chiffres des dons déclarés par les Français aux impôts en 2007. À raison de 280 euros en moyenne, 6 millions de foyers soumis à l'impôt sur le revenu ont ainsi contribué à un total de 1,7 milliard de dons. Soit une légère hausse (+ 3 %), après un pic exceptionnel fin 2004, dans le sillage du tsunami (+ 20 %), puis une relative stagnation en 2005 et 2006.

Autres enseignements de cette étude : les dons se concentrent le long d'une « diagonale de la générosité » qui va du Sud-Ouest au Nord-Est. Avec près d'un contribuable imposable sur trois ayant déclaré un don en 2008, l'Alsace, par exemple, devance ainsi nettement la moyenne nationale.

Toutefois, avec un donateur sur quatre personnes interrogées, la France reste à la traîne de l'Espagne ou de l'Allemagne, dont la culture caritative est par ailleurs à peu près similaire. Une tendance qui pourrait évoluer avec l'arrivée de nouveaux donateurs, plus jeunes. « C'est la première fois que le nombre des moins de 40 ans augmente au détriment des 70 ans et plus », explique Jeanne Ménager, présidente de « FraterSolidarité ».

Deux pistes sont explorées par les associations pour tenter d'« accrocher » de nouveaux publics. D'abord, le don en ligne. La culture caritative sur Internet, plus réactive, attire les plus jeunes. « Certaines entreprises proposent maintenant aux associations des portails Internet intuitifs et performants : on donne en quelques clics, avec un reçu fiscal à la clé ! », ajoute la présidente. S'ils restent pour l'heure marginaux (moins de 5 % du total des dons en 2008), les dons en ligne devraient ainsi peu à peu monter en puissance.

Ensuite les associations importent des méthodes très en vogue dans les pays anglo-saxons comme le « street-marketing » ou démarchage dans la rue. Des équipes de jeunes salariés, de plus en plus nombreuses dans les centres-villes, vont ainsi au-devant des passants, avec une tenue clairement identifiable — badge ou tee-shirt portant le logo de l'organisme. Ces brefs échanges avec les donateurs potentiels permettent aux associations d'enrichir leur fichier de contacts en relevant l'adresse mail ou le numéro de mobile des personnes abordées.

(1) Avec la récente évolution de la structure par âge des donateurs, la France pourrait rejoindre l'Allemagne et l'Espagne.

(2) En 2007, le bilan annuel des dons déclarés par les Français imposables n'a pas dépassé 1,5 milliard d'euros.

(3) En France, la somme moyenne des dons faits par chaque foyer imposable sur le revenu est de 280 euros en 2007.

(4) En matière de dons, les Alsaciens sont en moyenne moins

généreux que les Français dans leur ensemble.

(5) Les dons en ligne, encore embryonnaires, semblent être promis à un bel avenir.

(6) Les nouvelles méthodes venues de l'étranger permettent aux associations françaises de recueillir des informations personnelles sur de futurs donateurs.

(10)

解説 今回は、寄付金や義援金を集めている « FraterSolidarité » という協会の活動の報告を通して、フランス人の la culture caritative「慈善文化」における動向とその変化、ならびに新たな集金方法の開発などが話題となっています。調査は、課税対象者の申告をもとにおこなわれている点に注意してください（第1段落を読めば詳細がわかります）。

(1) 設問文には「寄付をする人たちの年齢構成が最近変化してきたので、フランスはドイツやスペインに追いつくことができるだろう」とあります。本文の第3段落の前半には、「フランスはドイツやスペインに遅れをとったままである」との記述が見いだせますが、同じ段落の後半には「寄付者は70歳以上では減っているが、40歳以下では初めて増加している」との協会責任者の発言が紹介されており、さらに、Une tendance qui pourrait évoluer avec l'arrivée de nouveaux donateurs, plus jeunes.「このような傾向（ドイツやスペインの後塵を拝する傾向）は、より若い新たな寄付者の到来によって変化していくだろう」とも記されていますので、本文の内容と一致しているとわかります。

(2) 設問文には「課税対象となるフランス人が2007年に申告した寄付金の年間総額は15億ユーロを超えなかった」とありますが、本文第1段落に、2007年、「所得税の課税対象となった6百万世帯が、1世帯あたり平均280ユーロ寄付したので、総額17億ユーロの寄付額にのぼる」と明記されています。したがって、設問文は本文の内容と一致していません。

(3) 設問文には「フランスでは、所得税の課税対象になった世帯1戸あた

89

りの平均の寄付額は 280 ユーロである」とありますが、これは前問の解説にも記したとおりで、本文の内容に一致しています。

(4) 設問文には、「寄付金に関して言うと、アルザスの人たちは、フランス人全体と比較した場合、平均的に気前がよくない」とあります。しかし、第 2 段落には、une « diagonale de la générosité » qui va du Sud-Ouest au Nord-Est「南西から北東に向かう《気前のよさの対角線》」が存在し、「たとえばアルザスは、2008 年に課税対象者の 3 人に 1 人が寄付をおこなっており、明確にフランス全体の平均を上まわっている」と明記されています。よって設問文は本文の内容と一致しません。

(5) 設問文には、「ネットでの寄付金収集はまだ初期段階にあるものの、輝かしい未来を約束されているように思われる」とあります。第 4 段落の最後のほうには、「ネットでの寄付金収集は今のところまだ主流とは言いがたいが（2008 年度の寄付金総額の 5％未満）、こうして（＝若者の参加度の向上などを通して）徐々に力を発揮するはずである」と書かれています。したがって、設問文は本文の内容と一致しています。

(6) 設問文には、「外国から取り入れられた多くの新しい方法のおかげで、フランスの協会は、将来の寄付者たちに関する個人的な情報を収集できるようになる」と書かれています。第 5 段落を読むと、アングロサクソンの国々から取り入れられた方法、すなわち « street-marketing » や démarchage「個別訪問」などを組織的におこなうことで、新たな寄付者を掘り起こす手がかりにしている旨が詳細に説明されています。したがって、設問文は本文の内容に一致しています。

解答　(1) ①　(2) ②　(3) ①　(4) ②　(5) ①　(6) ①

8 長文を読み、ポイントをおさえて、その内容を日本語で簡潔に要約する問題

です。この問題では、フランス語の読解力と日本語の表現力の双方が求められます。日ごろから、論点を整理しつつ文章を読む訓練を積み重ねておく必要があります。これは、外国語と母語の能力の両方を高めるうえで、きわめて有効な訓練となるでしょう。日ごろから、新聞や雑誌の記事（とくに論説文）を読んで、ポイントを整理する練習を積んでおくとよいでしょう。なお、この問題はあくまで重要な論点の要約であって、部分和訳ではないことを銘記しておいてください。

　大問 7 の概要で述べたような練習が、ここでも有効です。論説文や論理性の高い記事を段落ごとにことなった行数でまとめる訓練を重ねるよう努力してください。また、かなり抽象度の高い日本語の書物に慣れ親しむことも、論理的な思考力を鍛えるうえで重要です。要は、日本語であれフランス語であれ、論理的な読解力と思考力を高めることが、この問題を解くうえでは欠かせないのです。

　この問題は配点も高く、難問も多いので、ここでは練習問題にじっくり取り組んでみてください（かならず自分で答えを書いてみましょう）。

練習問題 1

　次の文章を読み、右のページの(1)、(2)に、指示に従って**日本語**で答えてください。句読点も字数に数えます。

La France est peut-être le seul pays où l'accès des plus pauvres aux services financiers est impensable ou presque, alors que partout ailleurs, les entrepreneurs sans le sou et les clients déshérités constituent un marché rentable.

Mais pour être bénéficiaire dans ce « business », il faut d'abord savoir que prêter aux pauvres ne peut pas se faire à l'aveugle. Chaque cas est particulier et doit être traité comme tel. Pour cela, une solution existe : adopter une méthode, courante dans l'assurance, qui permet aux banques de mesurer objectivement le risque de ne pas être remboursées. Comment cela ? En donnant une note à chaque client en fonction de sa qualité de bon ou mauvais emprunteur. Au-delà de la catégorie socioprofessionnelle, il s'agit d'évaluer les caractéristiques personnelles. Par exemple, une femme mariée, propriétaire ou mère de famille sera jugée plus économe qu'un étudiant locataire ou qu'un père divorcé.

Aussi importante est la transparence. Les États-Unis, par exemple, obligent les organismes financiers à partager leurs données sur les emprunteurs. Par contre, la France est l'un des rares pays au monde à ne pas croiser les données bancaires. Comment les banques peuvent-elles accorder leur confiance si elles ne connaissent ni le montant des dettes contractées ailleurs par leurs clients ni leur qualité d'emprunteur ?

Il faudrait ensuite favoriser la concurrence. En France, le coût du crédit est plafonné depuis le Moyen Âge : il ne peut dépasser le taux d'usure fixé par la loi — soit à peu près 20 % pour les crédits à la consommation et 10 % pour les crédits aux entreprises. Pour les experts du marché, une telle politique, puisqu'elle n'admet pas la liberté tarifaire, est inefficace. Elle décourage les banquiers de prendre le moindre risque.

Décourageait, en tout cas. Car, en août 2005, une nouvelle loi a fait sauter un premier verrou : les prêts aux entreprises échappent désormais à cette règle du plafonnement. Mais les tabous sont tenaces et les banques en France ne peuvent pas encore afficher des taux exorbitants, car l'opinion publique ne le comprendrait pas.

(1) 貧しい人にお金を貸す場合、融資の焦げつきを回避するにはどのような

[I] 1次試験の傾向と対策　筆記試験 8

工夫をすべきだと筆者は言っていますか。（40字以内）

(2) 筆者によれば、フランスの金融機関が貧しい人への融資に対して消極的になるのはなぜですか。具体的な2つの理由（a、b）をあげてください。（各35字以内。解答の順序は問いません）

(06)

解説　フランスは、金融機関が貧しい人にお金を貸さないめずらしい国であると指摘したのちに、その理由や背景に関して論じた文章です。
(1) 第2段落の最初では、貧しい人にお金を貸す「ビジネス」で収益をあげるためには、やみくもに融資をするのをつつしむべきであると指摘されています。そのあと、どうすれば融資が可能かに関する記述がつづいていますから、そこをまとめればよいことになります。まず、保険業界で一般的に適用されている方法、すなわち返還されない危険を客観的に計る方法を採用すべきだと書かれています。具体的には、借り手としての信用度を点数化するという方法です。その際、社会的地位や職業の種類などにくわえて、顧客個人の置かれた状況も考慮すべきだとされています。一例をあげれば、結婚している主婦のほうが、離婚した男性よりも倹約家だと見なされるようです。こうした情報を40字に収まるように要約すれば正解に達するでしょう。なお、借り手の社会的状況と個人的状況の双方を客観的に評価する、というもっとも重要なポイントをおさえることができれば、高得点が期待できます。
(2) 第3段落に1つ目の理由があげられています。それによれば、フランスでは、アメリカをはじめとする多くの国々とことなり、顧客の情報が銀行間で交換されないため、借り手の信用度がまったくつかめないのです。次に第4段落と第5段落では、もう1つの理由が記されています。フランスでは中世の昔から、高金利に対し法的な抑制がかけられてきた点が指摘されています。つまり、金融機関が意のままに金利を設定できない環境にあるため、高金利の商品の分野で自由な競争がおこなえないわけです。以上の2点を簡潔に要約して答案を作ってみてください。

解答例　(1) 融資にあたって、借り手の職業や地位に加えて個人的な状況も評価するという工夫。（38字）

93

(2) a 顧客情報を銀行間で交換して借り手の信用を調査する習慣がないこと。(32字)
    b 各金融機関が貸出金利を自由に設定できる環境がまだ整っていないこと。(33字)

> [練習問題 2]

次の文章を読み、右のページの(1)、(2)に、指示に従って**日本語**で答えてください。句読点も字数に数えます。

　C'est une certitude dans le secteur technologique : la concurrence bénéficie à tout le monde. Et pourtant, à y regarder de plus près, les consommateurs n'en sortent pas toujours gagnants. L'histoire du PC, par exemple, illustre à merveille la façon dont la concurrence sert les intérêts des consommateurs et à quelle occasion elle leur nuit.
　La domination d'Intel dans le secteur du matériel informatique et de Microsoft dans le domaine des logiciels a eu des effets positifs pour les consommateurs. Car la « standardisation », processus qui limite la concurrence sur les fonctionnalités, permet aux acheteurs de PC de ne plus se préoccuper de savoir quelles « plates-formes » choisir, alors qu'une concurrence débridée aurait conduit à une pléthore de choix prêtant à confusion. De plus, la « standardisation », en limitant la concurrence sur des produits novateurs, favorise une guerre farouche sur les prix, qui bénéficie bien évidemment aux consommateurs.
　Mais la concurrence n'a pas toujours que du bon. Ainsi, les pressions sur les coûts ont quasiment enterré le concept de service après-vente. La plupart des fabricants de PC sont tombés

dans un cercle vicieux de baisses des coûts qui nuit à la qualité de la garantie et du service. D'autre part, si Microsoft avait subi une véritable pression concurrentielle — ou du moins plus menaçante que la mince part de marché qu'Apple a réussi à conquérir au cours de la dernière décennie —, elle aurait peut-être été contrainte d'apporter des améliorations plus rapides à son système Windows. Car, comme chacun sait, sans la liberté de créer des produits novateurs pour les introduire ensuite sur des marchés compétitifs, nous n'aurions jamais pu accéder à certaines des innovations qui ont révolutionné notre vie quotidienne.

(1) « standardisation » が、消費者にもたらす利益を2点(a、b)あげてください。(各20字以内。解答の順序は問いません)

(2) « standardisation » が、消費者にとって不利益となることを2点(a、b)あげてください。(各30字以内。解答の順序は問いません)

(07)

解説 経済分野がテーマです。パソコン業界（ただし2007年度の時点における）を例にとって、市場での競争がもたらすマイナス面とプラス面とを論じた文章です。経済的な基礎知識を身につけていることも、この種の内容を理解するうえで重要です。

(1) 導入部の第1段落では、テクノロジー分野での競争は万人に利益をもたらすと一般に信じられているが、実際は、競争から消費者がつねに恩恵を受けるとはかぎらないと記されています。パソコンの歴史を見れば、消費者にとっての競争のプラス面とマイナス面とが明確になるとつづいています。第2段落では、パソコンのハード面ではインテル社が、ソフト面ではマイクロソフト社が市場を支配してきたことで、消費者にとってはよい結果が得られた旨が述べられています。まず、« standardisation »「規格の標準化」のおかげで、買い手はどのプラットフォームを選ぶべきかという問題に頭を悩

ませる必要がないと記されています。プラットフォームとは情報技術の用語で、「アプリケーションソフトを作動させる際の基盤となる OS の種類や環境、設定などのこと」ですが、ここではより一般的に、消費者が購入しようとする「商品」ととってもよいでしょう。設問となっている「消費者にもたらす利益」の1つは、この内容を要約して答えます。もう1つは、第2段落の最後の文に示されています。「規格の標準化」は、新製品開発競争をほぼ不必要にするので、各メーカーは自社製品を売るために、価格の引き下げに走ることになります。つまり、企業間の価格競争が、消費者にとってプラスとなる点を指摘すれば正解に達します。

(2) 次に「規格の標準化」がもたらす不利益を2点あげることが求められています。第3段落を注意深く読めば、比較的容易に答えられるでしょう。1つ目は、大幅なコストダウンの結果、保障やアフターサービスの質が低下せざるをえないことです。2つ目は、D'autre part, si Microsoft avait subi [...]以下の箇所に示されています。もし仮に、アップル社よりもずっと強力な競争相手が存在していたならば、マイクロソフト社は自社製品であるウィンドウズの改良をより迅速におこなっていただろう、と記されています。以上の内容を、文末の一文を参考にしつつまとめればよいでしょう。

[解答例] (1) a 商品の選択で消費者が迷わなくてすむ。(18字)
　　　　　　 b 企業間の価格競争の激化で値段が下がる。(19字)
　　　　(2) a コスト削減により保障やアフターサービスの質が低下する。(27字)
　　　　　　 b 企業の開発意欲が低下して、商品の性能の改善が遅れる。(26字)

[練習問題 3]

次の文章を読み、右のページの(1)～(3)に、指示に従って**日本語**で答えてください。句読点も字数に数えます。

Le blond comme couleur de cheveux est valorisé depuis l'Antiquité. Mais la vraie blondeur est en voie de raréfaction.

D'ici à 2050, la population mondiale passera de 6,5 à 9 milliards d'individus. L'accroissement étant le fait de l'Asie, de l'Afrique et de l'Amérique latine, la fréquence des blonds va mécaniquement diminuer. Et cela d'autant plus que cette teinte de cheveux, comme les yeux bleus, est due à des gènes récessifs. Autrement dit, pour être blond, il faut hériter de deux gènes commandant ce caractère, l'un venu du père, l'autre de la mère. Il s'ensuit que, si dans le monde, le nombre de gènes blonds reste constant alors que celui de gènes bruns augmente, il y aura une probabilité décroissante qu'une personne hérite de deux gènes blonds, condition indispensable à sa blondeur. Ainsi, une hypothèse réaliste serait celle d'une augmentation du brassage des populations, et l'émergence d'un profil d'humain métissé qu'on pourrait nommer « type brésilien ».

On s'attend donc à une nouvelle forme de beauté. Mais on assiste aussi à un « paradoxe » : dans les prochaines décennies, la proportion de blond naturel va aller en s'amenuisant, et, pourtant, le mythe pourrait bien grandir. Déjà en Europe, une femme sur trois se teint les cheveux dans une nuance de blond, alors que seul un adulte sur vingt en Europe — à peu près la même proportion aux États-Unis — a cette vraie couleur. À quoi tient cette fascination ? L'histoire remonte à Vénus-Aphrodite, déesse de l'amour à la chevelure claire. Chaque époque a ensuite projeté ses valeurs sur la blondeur : une obsession à la Renaissance, une mystique dans l'Angleterre élisabéthaine, une idéologie dans les années 1930 (avec le racisme hitlérien), un signal d'invite sexuelle dans les années 1950. Et à notre époque ? D'après une spécialiste des mythes,

« être blond, c'est rappeler la couleur de l'enfance, entrer dans la quête de la jeunesse éternelle ». En tout cas, ce qui est sûr, c'est que le mythe de la blondeur a encore de beaux jours devant lui.

(1) 筆者は生まれつきブロンドの人の数が今後減少するメカニズムをどのように説明していますか。(60字以内)

(2) 筆者の言う « paradoxe » とは何を意味するかを説明してください。(40字以内)

(3)「ブロンド神話」に関する筆者の意見を要約してください。(30字以内)

(08)

解説 ブロンドの人の数が、今後世界人口のなかで占める割合が減少するメカニズムと、ブロンド神話の根強さをめぐる話題です。

(1) 第1段落の内容を要約する必要があります。2050年までに世界人口は、現在の65億から90億にまでふえるが、増加するのは、主としてアジア、アフリカ、南アメリカだとされています。逆に言えば、生まれつきのブロンドが多いヨーロッパや北米の人口は相対的に低下しますから、ブロンドの人の比率は自動的に下がります。さらに、ブロンドは劣性遺伝であるため、父母の双方がブロンドでなければ生まれません。そうなると、ブロンドの遺伝子の量が一定に保たれるにすぎない一方で、褐色などブロンド以外の遺伝子は大きく増加することになります。地球規模で見るならば、ブロンドの遺伝子どうしが出会う確率は、理論的には減少せざるをえません。現実的に見ても、一種の人種混合が進み、劣性遺伝のブロンドは、その数を減らさざるをえない、ということになります。以上の内容を、重要なポイントをしぼって要約すればいいでしょう。ポイントとは、(a)世界人口に占める欧米人の比率が減少すること、(b)ブロンドと非ブロンドの混血が増加すること、(c)したがって、劣性遺伝にもとづくブロンドは減少せざるをえないこと、と言えるでしょう。

(2) 第2段落の前半部分の内容を要約する設問です。そこでは、生まれつ

きのブロンドはすでに減少傾向にあるのに（欧米では、おとな20人に1人しか存在しない）、ヨーロッパでは3人に1人の女性が髪をブロンド系に染める現象が見いだせます。つまり、自然のブロンドは減少しているのに、ブロンド人気はいっこうに衰える気配がないことを、著者は « paradoxe »「逆説」と呼んでいるのです。そのあとに、現代にまで脈々と伝わっているブロンド神話について論じられている点にも注意して、答案を作ってみてください。

(3) 第2段落後半の内容を簡潔に要約する設問です。筆者は古代神話のヴィーナスの髪の色に言及したのち、Chaque époque a ensuite projeté ses valeurs sur la blondeur「その後、各時代がブロンドという色彩に独自の価値を付与してきた」と述べています。以後はその具体例が列挙されています。そして、ブロンド神話は現代でも健在であり、今後も衰える気配はない、と結んでいます。以上の内容を簡潔にまとめてください。

内容を的確に把握し、日本語で要約するこの種の問題で興味深いのは、字数が少ないほど、成績が下がる傾向にある、という点です。やはり、長文からそのエッセンスを抽出し、それを簡潔に表現するためには、高度な日本語力が要求されるからでしょう。細部や具体例に惑わされずに、一気に議論の核心をつかむ訓練を重ねてください。

解答例 (1) 今後世界に占める欧米人の比率が相対的に低下し、ブロンドと非ブロンドの混血が増え、劣性遺伝に基づくブロンドは減少する。（58字）

(2) 生まれつきのブロンドは減少傾向にあるのに、ブロンド信仰は一向に衰えない。（36字）

(3) 各時代に特有のブロンド神話が存在し、今後も存続するだろう。（29字）

練習問題4

次の文章を読み、右のページの(1)～(3)に、指示に従って**日本語**で答えてください。句読点も字数に数えます。

Quand, dans un pays, un certain niveau d'inégalité sociale est atteint et qu'il n'a pas entraîné la prise de conscience attendue — comme lors de l'élection présidentielle de 2007 en France, où une part importante des pauvres a voté à droite —, on peut, à bon droit, se demander si, dans la fabrication de l'opinion, l'influence des médias n'a pas été déterminante.

À une époque où les grands médias, court-circuitant le suffrage universel, injectent le virus avant de prendre la température, la détention des moyens de production de l'opinion par une classe dominante est un défi inédit à la démocratie. Il est d'autant plus insidieux que la notion même de « classe », difficile à cerner certes, mais bien dérangeante, est aujourd'hui l'objet d'une méconnaissance qui a ses modes de production propres.

Le premier de ces modes est celui, bien connu, du bouc émissaire : immigrés, étrangers, juifs, etc., dont la présence est censée expliquer tous les malheurs du monde. Le deuxième consiste à monter en épingle, comme outils de compréhension, d'autres oppositions que les antagonismes sociaux. Les conflits entre nations par exemple, la lutte des générations ou la guerre des sexes.

Il est un troisième moyen pour produire de la méconnaissance : le détournement d'attention, procédé classique des illusionnistes. Le plus flagrant est la place accordée aux faits divers et au sport lors du montage des « journaux d'information ». Le plus retors, la personnalisation dépolitisante du politique. Le plus subtil : le « brouillage ». On sait à quel point les rapports de domination, tant ils s'entrecroisent, peuvent faire vivre les luttes politiques sous la forme d'une relation parent / enfant, masculin / féminin. Car ces différences sont très tôt rencontrées, bien avant l'entrée dans le champ socio-économique qu'elles continueront par la suite de surimpressionner.

⑴ 筆者は現在のメディアの問題点をどうとらえているか説明してください。(55字以内)

⑵ 筆者はメディアが « classe » の概念を隠す方法を3つあげています。その3つのうち、2番目にあげられている方法は何ですか。(20字以内)

⑶ « brouillage » という語で筆者が言おうとしている内容を説明してください。(40字以内)

(09)

解説 ⑴ 筆者が現在のメディアをどう把握しているかを説明するには、第1段落と第2段落をたんねんに読み込む必要があります。筆者はまず、2007年のフランス大統領選の際に、貧しい層で相当数の人が右派側に投票した事例をあげ、社会的不平等が一定レベルに達しているにもかかわらず、貧困層がそれを自分たちの問題として意識化できなかったことを指摘し、その原因として、メディアによる世論操作がおこなわれた可能性をあげています。つまり、社会的不平等の存在を明らかにするどころか、逆にそれを隠蔽しようとした、というわけです。第2段落では、[...] les grands médias [...] injectent le virus avant de prendre la température「大メディアは、体温を計る前にウイルスを注入する」という刺激的な比喩を用いながら、支配階級が占有するメディアが、自分たちの階級につごうのよい世論を形成しており、こうした世論操作が、民主主義を根幹からゆさぶる要因になっていると筆を進めています。以上の内容を、メディアによる世論操作、支配階級のメディア支配、およびそこから帰結する民主主義の危機、という3点をおさえて、答案にまとめれば正解に達します。

⑵ 筆者はメディアが « classe »「階級」の概念を隠す方法を、第2段落から第3段落にかけて大きく3つに分類しつつあげています。まず第2段落

にあげられた2つを見ておきましょう。1番目は、「移民、外国人、ユダヤ人など」を「世界のあらゆる不幸を説明しうる」bouc émissaire「スケープゴート」に仕立てる方法です。こうして「スケープゴート」に人々の不満を引きつけておけば、「階級」の存在が希薄化するからです。2番目は「国家間の衝突、世代間の闘争、男女間の対立」といった「社会的対立（＝階級対立）以外の対立」を monter en épingle「極端に誇張する」方法です。この2番目の箇所を的確かつ簡潔にまとめられれば、正解につながったはずです。

(3) 第3段落に記された3番目の方法は、古典的な手法と、より巧妙な手法の2つに下位区分されています。その第1番目は、le détournement d'attention, procédé classique des illusionnistes「注意をそらすという、手品師たちが用いる古典的手法」で、たとえば、テレビのニュース番組で、三面記事的な事件やスポーツを織り込んで、最初に報じた重要なニュースを背景におしやる手法などがその典型です。第2番目が、この設問で問われている « brouillage » という「もっとも巧妙な」方法です。「～をごちゃごちゃにする、（目などを）かすませる、（考えなどを）混乱させる」を意味する brouiller から派生したこの語は、「混乱、錯乱、攪乱」などの意味で用いられています。つまり、手品を見せるかのごとく、人々の頭を混乱ないし錯乱させ、真実が見えないように仕組むことを指しています。« brouillage » は、la personnalisation dépolitisante du politique「政治的なことを脱政治化する個人化の手法」の言いかえです。この難解な表現で筆者が言わんとしている内容は、「階級格差のような本来政治的な問題を、人々の個人生活上の対立とオーバーラップさせて、脱政治化する（政治的無関心の領域に囲い込む）こと」だと言えます。この段落であげられている具体例は、だれもが幼いころから体験する、親子や男女間の身近な対立関係を「政治化」して引き延ばし、階級対立とダブらせることで、後者が政治的問題となるのをたくみに回避する方法です。この設問はかなりの難問だと言えます。なお、この文章の筆者は極端に左翼的な主張をおこなっていますので、その意見には賛同できない人もいるでしょう。しかし、賛否はともかく、その主張の核心に迫ることがまずは重要です。だからこそ、抽象的ないしは自分とは異質な思考法を解読する能力を、日々研ぎ澄ますことが求められるのです。

[解答例]　(1) 階級など存在しないという幻想を植えつけながら、支配層の見解のみを浸透させ民主主義を危機に陥れている。（50字）

(2) 階級以外の対立軸を際立たせること。(17字)
(3) 階級対立を親子や男女間の身近な対立にすり替え、前者の存在をぼかすこと。(35字)

練習問題 5

次の文章を読み、右のページの(1)～(3)に、指示に従って**日本語**で答えてください。句読点も字数に数えます。

   Dans les pays développés, les délocalisations, face sombre de la mondialisation, sont-elles une fatalité ? Oui, si l'on en juge par les salariés de Citro Motocycles, sommés d'accepter la renégociation des 35 heures contre l'assurance que le nouveau scooter maison ne sera pas fabriqué en Asie. Non, si l'on en juge d'après les statistiques révélant le regain de l'Allemagne comme lieu de production.
   Car malgré la délocalisation vivement contestée des Usines Nopia Tel de Bochum (Rhénanie-Westphalie) vers la Roumanie, les entrepreneurs allemands déplacent moins volontiers leurs capacités de production vers l'Europe de l'Est ou le vaste monde.
   La comparaison du coût du travail dans l'Union avec les salaires pratiqués en Asie, dans le Maghreb et même outre-Atlantique (avec la hausse de l'euro) favorise des transferts massifs d'activités hors de l'Union. Mais dans les pays « industrialisés », où la part des salaires dans la fabrication de produits de plus en plus sophistiqués ne représente plus en moyenne que 10 % des coûts de production, les stratégies d'implantation prennent tout autant en considération

l'existence de bonnes infrastructures de transport, et d'une main-d'œuvre éduquée et qualifiée sans laquelle l'exigence du « zéro défaut » — le contrôle de qualité — est un leurre. Selon un récent rapport, « entre un quart et un cinquième des capacités délocalisées sont ainsi rapatriées en Allemagne dans les cinq ans », faute de prise en compte de ces facteurs « immatériels ». Certitude : les délocalisations ne cesseront pas de si tôt. Mais la seule course aux bas salaires est une stratégie perdante. Surtout pour les entreprises européennes qui savent « monter en gamme ».

(1) 筆者によれば、先進国の製造業が以前ほど、従業員の給与について気にする必要がなくなったのはなぜですか。(40字以内)

(2) 先進国の製造業の生産拠点の立地に関して、給与以外に考える必要があるものとして筆者があげている2つの要素は何ですか。(30字以内)

(3) 筆者によれば、欧州の製造業が生産拠点に関してとるべき戦略はどのようなものですか。(20字以内)

(10)

解説 先進国の製造業が、生産拠点を低賃金の外国に分散化する傾向はいまだに見られるが、低賃金よりも高品質の製品を作ることに重点を置き、国外移転の方針をくつがえして、拠点をふたたび国内に戻そうとする動きが出はじめている、という内容の文章です。
　(1)「先進国の製造業が以前ほど、従業員の給与について気にする必要がなくなった」理由ですが、これは第3段落を要約すれば答えられます。たしかに、欧州連合内での賃金と、アジア、マグレブ地方、(南)アメリカなどでのそれとを比較すれば、生産拠点を国外に移すほうが、人件費という観点からすれば有利に映る、と著者は書いています。しかしその直後に、「ますます精巧になる製品の製造において、生産コストに占める給与の割合が平均し

てもはや 10％程度にしかならない《先進国》では、工場建設の際の戦略として、輸送用の確固としたインフラ整備、教育程度の高い熟練した労働力をも、考慮にいれねばならない。レベルの高い労働力が不在であれば、《欠陥ゼロ》すなわち品質管理という要求をみたすことは幻想になってしまう」と明記されています。ポイントは、高品質の商品生産に占める人件費の相対的低下が、低賃金国への分散化を徐々に無意味化している、という点にあるとわかるでしょう。

(2) 前問の解説で紹介した箇所をまとめれば、この設問には簡単に答えられるでしょう。[...] l'existence de bonnes infrastructures de transport, et d'une main-d'œuvre éduquée et qualifiée「輸送用のインフラ整備と教育程度の高い熟練工の存在」という部分を、制限字数に収まるようまとめればよいとわかります。

(3) 筆者が考える「欧州の製造業が生産拠点に関してとるべき戦略」については、第3段落後半を読めば明らかになります。筆者は、国外に生産拠点を移していたドイツの工場の生産能力の4分の1から5分の1が、5年後にはふたたびドイツ国内に戻ってきそうだという最近の報告を紹介しています。そのあと、Certitude「確かなこと」として、「生産拠点の国外移転が即座に終わりを迎えることはないだろう。しかし、低賃金を求める競争のみに走るのは、勝ち目のない戦略である。とくに《品質を上げる》ことのできる欧州の企業にとってはそうである」としめくくっています。つまり、低賃金を求める競争から脱却し、高品質を保証する戦略に切り替えるには、国外移転一辺倒の方針を見直す必要がある、ということになります。

解答例　(1) 高度な技術を要する製品の生産コストに占める給与の割合は1割程度だから。(35字)
(2) 輸送手段の充実と訓練を受け高い技術を持った労働力。(25字)
(3) 生産拠点の国外移転一辺倒からの脱却。(18字)

9 　**和文仏訳**では、フランス語の総合力が問われます。日本語をフランス語に移しかえるに際しては、語彙力や文法・構文に関する知識にくわえて、フランス語を操る「センス」までが問われるからです。日本語の意味内容をなるべく忠実に伝えつつも、日本語とはまったくことなった仕組みをもつフランス語としても、自然かつ流暢な文に仕上げるには、この「センス」ないしは「第六感」がどうしても必要になります。こうした一種の直観を育てるためには、数多くのフランス語にふれ、その文章やリズムを最大限自分の身体に覚え込ませる必要があります。アウトプットのためにも、積極的なインプットを忘れないようにしましょう。そのために、まずは基本的な構文を中心に数々の文を「身体的」に蓄積していく努力をおこたらないようにする必要があります（繰り返し発音して覚え込む必要があります）。同時に、雑誌や新聞で出会うしゃれた言い回しやフランス語らしい表現を小さなノートにメモして覚えていくといった、自分なりの工夫も重要になってきます。以下では、5つの練習問題にチャレンジしてみてください（かならず自分で作文してみてください）。

練習問題 1

次の文章をフランス語に訳してください。

　家庭菜園でとれた夏の野菜を、隣の家におすそ分けした。渡すときに私の口から出たのは「つまらないものですが」ということばだった。やっととれた野菜に少し誇らしい気持ちもあったのに、日本人はどうしてこのような言い方をしてしまうのだろうか。

(06)

解説　書き出しの一文を、フランス語に訳しやすくするためにわざとぎこちない日本語に書き直してみましょう。「私が家庭菜園で収穫した夏の野菜を、私は隣の家にプレゼントした」。これをフランス語に訳すと、解答例のように J'ai offert à mes voisins des légumes d'été que j'avais récoltés dans le potager familial. となるでしょう。この場合、「収穫した」ときと「プレゼントした」ときの間に時間差がありますから、前者を大過去に、後者を複合過去にする必要があります。こうした時制へのこまかな配慮も作文では重要

ですので、肝に銘じてください。なお、「私の口から出た」は、「私は〜という表現を使ってしまった」というような言い方をしがちですが、venir aux lèvre de 〜「〜の口をついて出る」という言い回しを使うと、センスのいいフランス語に仕上がるでしょう。さらに、「日本人はどうしてこのような言い方をしてしまうのだろうか」という箇所の「日本人は」の部分には、「ほかならぬ日本人はどうして」というニュアンスが感じ取れますから、nous autres Japonais という言い方を用いるとこのニュアンスがうまく出せます。というのも、強勢形の代名詞とともに autres を使うと、他と強く区別、対立させることができるからです。以上の点にとくに留意しつつ、日本語と解答例を十分に吟味してみてください。

解答例 J'ai offert à mes voisins des légumes d'été que j'avais récoltés dans le potager familial. Au moment où je les leur donnais, c'est l'expression « ce n'est pas grand-chose » qui m'est venue aux lèvres, alors que j'éprouvais une certaine fierté à avoir enfin récolté des légumes. Pourquoi donc, nous autres Japonais, utilisons-nous toujours cette expression ?

練習問題 2

次の文章をフランス語に訳してください。

人選というのは不可解なもので、いつも有能な者が選ばれるとは限らない。むしろ、あたりさわりのない好人物が選ばれやすい。選ぶ側にしてみれば、ずば抜けた人間よりも自分にとって安心な人間のほうが都合がよいからだ。

(07)

解 説 エッセイ風の文体ですが、日本語に訳すとなると、論理的な文章よりも格段にむずかしいことがわかるでしょう。まず、書き出しの「人選」でつまずく受験者が多いはずです。「だれかを選ぶこと」と解釈して、Chosir quelqu'un と不定詞を主語にするのが適切です。また、「あたりさわりのない好人物」も大きなハードルとなるはずです。「好人物」には、名詞の前に置かれたときに、多少の皮肉がこもった「人のよい、お人好しの」を意味する brave を使い、un brave homme とするのがもっとも適切だと思われます。

「あたりさわりのない」には、doux、gentil も不可能ではありませんが、「無害な、安全な」と読みかえて inoffensif を使用するのが適切でしょう。「ずば抜けた」は、excellent でもよいでしょうが、やはり解答例の exceptionnel(le)「例外的な」が一番ぴったりくると思われます。このようにエッセイ風の文章には、日本語独特のニュアンスをふくみ込んだ語彙がよく使われるために、それを「明晰な」フランス語に移しかえるのは、思った以上に困難をともなうものです。この種の作文問題を解くコツとして、訳しにくい日本語を、別のより明快な日本語に言いかえてみることがあげられます。解答例では、構文の点から見ても高度なテクニックが使われていますので、じっくり吟味してみてください。

[解答例]　Choisir quelqu'un est une chose étrange car ce n'est pas toujours celui qui est compétent qui est choisi. On a plutôt tendance à choisir un brave homme inoffensif. C'est parce que, si on se place du côté de ceux qui choisissent, pour eux, mieux vaut une personne qui les rassure qu'une personne exceptionnelle.

[練習問題 3]

次の文章をフランス語に訳してください。

　都会に暮らすようになって、ぼくは部屋でウサギを飼い始めた。夜アパートに帰って、こちらを向いて待っている小さな瞳を見ると、その日の疲れもいやされる。言葉は交わせなくても、心が通じ合えると思えるのが不思議だ。
(08)

[解 説]　今度は、モノローグ（独白）調の文章です。第 1 文は、直訳に近いフランス語でも大きくはずすことはないでしょう。この仏訳で処理がとくにむずかしいのは、「こちらを向いて待っている小さな瞳を見ると」の部分です。まず、瞳は prunelle(s) を使いたいところです。次に、「こちらを向いて待っている」ですが、ウサギが暗闇のなかでずっと主人の帰りを待って、ドアの方向を向いているとは考えにくい点に留意しましょう。むしろ、「帰宅時に、自分の帰りを待ち望んでいた（と自分が思い込んでいる）瞳が、こ

ちらを振り返るのを見ると」などと日本語でパラフレーズしてみれば、より自然なフランス語になるでしょう。解答例では、関係代名詞と知覚動詞の双方を組み合わせた文が使われていますので、よく吟味してみてください。また、「その日の疲れもいやされる」を解答例では、la fatigue de ma journée s'en trouve allégée と表現してあります。ここでの en は、「ウサギの瞳を見ることで」という、いわゆる原因を示す en です。こうした機能語をじょうずに使いこなせるようになると、フランス語らしさにも磨きがかかります。また、直訳調の日本語にパラフレーズしてから訳してみるのも、練習段階では有効だと思われます。以下の解答例をよく味わってみてください。

[解答例] Depuis que j'ai commencé à habiter en ville, je me suis mis à élever un lapin chez moi. Lorsque je rentre le soir dans ma chambre et que je vois ses petites prunelles qui m'attendent se tourner vers moi, la fatigue de ma journée s'en trouve allégée. Ce qui est étonnant, c'est de penser que l'on peut se comprendre sans échanger de paroles.

[練習問題 4]

次の文章をフランス語に訳してください。

この間、本棚の奥にあった古い童話集がふと目にとまったので、手にとって読みなおしてみた。まだ幼かったころ、母が読んでくれるのを聞いた時のドキドキする感じはなかった。しかし、大人にならなければわからない深い意味がそこかしこに読みとれて、はっとする思いだった。

(09)

[解 説] これもモノローグ調の文章です。一見やさしそうに映りますが、「ふと目にとまった」、「ドキドキする感じ」、「そこかしこに読みとれ」、「はっとする思い」など、日本語特有の発想にもとづいた表現が少なからずあり、別の言語システムであるフランス語に移すのは、意外とむずかしいかもしれません。まず「ふと目にとまった」ですが、これは tomber sur を使うとニュアンスが伝わるでしょう。もちろん、trouver でもまちがいではありませんが、日本語文にある微妙な陰影は落ちてしまうでしょう。次に「童話集」

ですが、un livre de contes、あるいは un recueil de contes de fées などと表現できます。第2文の「母が読んでくれるのを聞いた時のドキドキする感じはなかった」ですが、まずは、知覚動詞 écouter や sentir を使った構文が適切だと思いつくでしょう。たとえば、je n'ai pas senti mon cœur palpiter と comme quand j'écoutais ma mère me lire le livre de contes をうまく組み合わせれば、なんとか表現できそうです。少しもたついた印象を受けますが、je n'ai pas éprouvé l'émotion que j'éprouvais quand j'écoutais ma mère me lire le livre de contes とすることもできます。解答例では、le livre de contes を代名詞 le に置きかえてあります。なお、半過去（ここでは過去の習慣）と複合過去とをうまく使い分けられるように、日ごろから訓練しておいてください。「まだ幼かったころ」は、(alors que j'étais) tout(e) petit(e) encore、encore dans l'enfance、encore en bas âge などいくつか候補があげられます。解答例では encore à l'âge tendre というかなり高級な表現を用いてあります。さて、「大人にならなければわからない深い意味」ですが、un（または le) sens profond に、qu'on ne comprend pas si on n'est pas adulte、あるいは qu'on ne comprend pas à moins d'être adulte などを接続してやればなんとか表現できます。解答例では若干表現を変えておきました。なお、「はっとする思い」を ça a été une révélation pour moi のようにフランス語らしく言いかえるには、相当の実力を要すると思われます。いつもどおり、解答例のフランス語をよく吟味してみてください。

[解答例] L'autre jour, je suis tombé(e) sur un vieux livre de contes pour enfants qui était au fond de la bibliothèque et je l'ai pris pour le relire. Je n'ai pas senti mon cœur battre comme quand, encore à l'âge tendre, j'écoutais ma mère me le lire. Mais ça a été une révélation pour moi d'y découvrir par endroits un sens profond qu'il faut être arrivé à l'âge adulte pour comprendre.

[練習問題 5]

次の文章をフランス語に訳してください。

かつて、フランスといえば「文化の国」で、何もかもがオーラに包まれていた。しかし、東京―パリ間が飛行機で12時間にまで縮まった今日では、

幻影もかなり薄らいでいるように見える。そんななかで唯一健闘しているのが、「美食の国フランス」という神話である。

(10)

解説 日本におけるフランスのイメージの変遷をあつかったエッセイ風の文章です。一見やさしそうに映りますが、実際に訳そうとすると、相当の難問だとわかります。「かつて」は autrefois、jadis が使えます。「かつてフランスといえば『文化の国』で」は、複雑な操作を要します。こういう場合は、あえて日本語で「言いかえる」のも一法です。たとえば、「かつてフランスを口にする者は、フランスを『文化の国』と言っていた（見なしていた）」と考えれば、解答例のような表現にたどり着くかもしれません。「何もかもがオーラに包まれていた」の「オーラ」は、auréole、nimbe、aura などが使えます。「包まれていた」には、paré、enveloppé、entouré などをあてることができるでしょう。「東京―パリ間が飛行機で 12 時間にまで縮まった今日では」にも、いくつか表現法があげられます。aujourd'hui que（あるいは où、以下同じ）Paris n'est plus qu'à 12 heures d'avion de Tokyo、aujourd'hui que (où) la distance entre Tokyo et Paris n'est plus que de 12 heures par avion、aujourd'hui que (où) la distance entre Tokyo et Paris s'est réduite（あるいは est tombée）à 12 heures par avion などと表現できます。「幻影もかなり薄らいで」の「幻影」は l'illusion でよいとして、「薄らいで」は、語彙面で工夫せねばなりません。diminuée、affaiblie、réduite などが候補となるでしょう。さらに、「そんななかで唯一健闘しているのが」の「健闘している」ですが、これは「まだ抵抗して残っている」と言いかえて、仏訳するといいでしょう。たとえば、la seule (la dernière) chose qui résiste (tienne、reste、demeure) などが候補にあがるでしょう。関係代名詞の先行詞が la seul(e)、la dernière など、最上級に類する表現をともなっている場合は、従属節の動詞が接続法になる点に注意してください。「美食」は、la gastronomie ないしは la bonne chère でいいでしょう。

解答例 Autrefois, qui disait France disait « Pays de la Culture » et tout s'en trouvait paré d'une auréole. Mais aujourd'hui que Paris n'est plus qu'à 12 heures d'avion de Tokyo, l'illusion paraît bien diminuée et la seule chose qui résiste encore, c'est le mythe de « la France, pays de la gastronomie ».

書き取り試験

　書き取り試験は、ただ聞き取れればよい、というものではありません。まず、音を正しく聞き取って適切な単語に結びつけ（聴取レベル）、次にそれを正確につづり（単語レベル）、さらに、文法的に正確な文として組み立てる（統辞レベル）必要があるため、持てるフランス語力のすべてを動員しなければなりません。したがって、いわゆるディクテの練習のみならず、*Le Monde* などの記事を理解したうえで、書き写すといった地道な作業も、いずれは実を結ぶはずです。もちろん、CD の付いた時事フランス語教材などを利用するのも有効です。とにかくまずは真似から、というのが語学の原点です。

　また、書き取りの場合（記述式の問題全般にも言えることですが）、アクサンの向きや形を明確に書くことも重要です。アクサン・テギュかアクサン・グラーヴか区別のつかない答案や、アクサン・シルコンフレックスの屋根型があいまいな答案とならないよう気をつけましょう。採点は一般的に「怪しきは罰する」の原則でおこなわれることを肝に銘じておいてください。また、1 級レベルで、句読点の名称を知らないのは致命的です。よく復習をしておいてください（1 級なのに « points de suspension » という指示に、そのまま *points de suspension* とつづっている答案が散見されるのは驚きです）。

　なお、ここでは 4 題の書き取り問題を練習してみましょう。以下の解説では、すべて 3 つのレベルに分けて説明してみたいと思います。

練習問題 1

注意事項

　フランス語の文章を、次の要領で 3 回読みます。全文を書き取ってください。
　・1 回目は、ふつうの速さで全文を読みます。内容をよく理解するようにしてください。
　・2 回目は、ポーズをおきますから、その間に書き取ってください（句読点も読みます）。

[I] 1次試験の傾向と対策　書き取り試験

・最後にもう1回ふつうの速さで全文を読みます。
・読み終わってから3分後に聞き取り試験に移ります。
・数を書く場合は、算用数字で書いてください。

〈CDを聞く順番〉　　💿❶ ⇨ 💿❷ ⇨ 💿❶

(07)

解説　フランスにおける羊の飼育と生産をめぐる話題です。イギリスやニュージーランドの生産量におされて、フランス国内の自給率が下がっているという危機感がある一方で、「羊飼い」を独立するビジネスチャンスと見なす若者が現れつつあるのは多少とも心強い、という論調の文章です。
（聴取レベル）話題が特殊なために、1級の受験者にもなじみの薄い単語が多く、それらを聞き取れないケースが多いようです。たとえば、pénibilité、vieillotte、ovine、néo-zélandaise、autonomie、prospérer などがそれらにあたります。とくに、前置詞 de が次の語とエリジョンを起こしているケースを、正確につかめない受験者が多いと思われます。d'agneaux、d'éleveurs、d'autonomie、d'authenticité などを正確に聞き取るには、やはり充実した語彙力が必要です。
（単語レベル）「聴取レベル」であげた単語を中心に、長い単語を正確につづれるかどうかで、高得点を得られるかどうかがきまると言っても過言ではないでしょう。上にあげた例以外にも、mal aimé（*mal-aimé*「愛されていない、嫌われ者」という誤答も見られました）、territoire、dirigeants、britannique、Heureusement、perspectives などの単語のつづりに注意してください。
（統辞レベル）ここでもやはり性数の一致が問題となります。13 millions d'agneaux consommés / 5, 2 millions ont été élevés / la production soit nationale / certains candidats à ce métier se disent séduits など、ごく基本的な一致でミスをしないことが大切です。また、引用符のなかの Nous voudrions qu'au moins 50 à 60 % de la production soit nationale の qu'au moins の箇所が理解できていない受験者が6割に達していました。これは、聴取レベルの問題であると同時に、vouloir を使った構文を把握できるか否かという統辞レベルの問題でもあります。

[解答（読まれる文）] Le métier de berger est mal aimé en raison de sa pénibilité et de son image vieillotte et il risque de disparaître. En effet, la production ovine en France est en recul. Sur 13 millions d'agneaux consommés chaque année, à peine 5,2 millions ont été élevés sur le territoire. « Nous voudrions qu'au moins 50 à 60 % de la production soit nationale », confie un des dirigeants du syndicat d'éleveurs, qui espère résister à la concurrence britannique et néo-zélandaise. Heureusement, certains candidats à ce métier se disent séduits par les perspectives d'autonomie, de liberté et d'authenticité. Ils pensent qu'il n'est pas impossible de faire prospérer un élevage. L'objectif de ces jeunes est de gagner de l'argent comme chefs de leur entreprise.

[練習問題 2]

注意事項

フランス語の文章を、次の要領で3回読みます。全文を書き取ってください。
・1回目は、ふつうの速さで全文を読みます。内容をよく理解するようにしてください。
・2回目は、ポーズをおきますから、その間に書き取ってください（句読点も読みます）。
・最後にもう1回ふつうの速さで全文を読みます。
・読み終わってから3分後に聞き取り試験に移ります。
・数を書く場合は、算用数字で書いてください。

〈CDを聞く順番〉　　◎❸ ⇨ ◎❹ ⇨ ◎❸

(08)

[解説] 今度は、2012年に予定されている、宇宙でのホテル滞在に関す

[I] 1次試験の傾向と対策　書き取り試験

る話です。

（聴取レベル）compte ouvrir ses portes の compte を contre と聞きまちがえた答案が多く見られました。これは統辞レベルでもありえない誤りです。また、pas moins de 4 millions de dollars「4百万ドルを下らない（額）」の pas moins を、par moins と書き写した答案がひじょうにめだちました。これも統辞上ありえませんが、このまちがいは、語尾に r が発音されているか否かを聞き分けることのむずかしさを物語っているでしょう。次に、le tour du monde および le lever du soleil の du を de とつづっているケースも少なくありませんでした。聴取レベルでとくに興味深いのは、île tropicale の île が聞き取れず、tropicale しか書き取っていないケースです。une île tropicale とつづくと、île が une と tropicale の間に埋没してしまうからでしょう。se payer の se を聞き落としている答案もかなりありましたが、これも聞きもらしだと思われます。de ceux qui を、de ce qui、de sous qui、dessous qui と書き取っているケースが多いのも気になります。短い単語や機能語を聞き逃がさないためには、そうした語をふくむ文をいくつも覚えておく必要があるでしょう。

（単語レベル）逆に、長い単語はつづりのレベルでのまちがいがめだちます。たとえば、aérospatiale「航空宇宙産業」（女性名詞）を、aérospatial, aérospacial とつづっている答案が多くありました。さらに、ils bénéficieront の動詞の部分もあやふやで、bénéficiront、bénéficeront そのほか多種多様なつづりまちがいが見つかっています。とくにまちがいの多かったのは、la proportion de ceux qui seraient prêts の seraient prêts の箇所です。なかでも多かったのが、serait prêt、seraient près というまちがいです。la proportion [...] reste inconnue の inconnue にも、inconnu、connu、inconue、unconnue など、存在しない形もふくめさまざまな誤答が見られました。

（統辞レベル）聴取レベルでも指摘しましたが、compte ouvrir の compte を contre とつづる誤りは、compter という動詞に思いいたらなかったためでしょう。そもそも、このような箇所に前置詞が入るのは不可能なはずです。複数の s や性数の一致での誤りも相変らず多く見られました。主要な単語ないし箇所をあげておくと、d'investisseurs passionnés、île tropicale、des promoteurs などです。落ちついて自分の答案を読み直せば気づくような単純ミスも多いので、細心の注意をはらって見直してください。次に、Les clients devront débourser [...] の débourser のかわりに、déboursé という誤

115

答を書いた受験者が多かったのは残念です。その前に devront (devoir) という準助動詞があるのですから、不定詞がくるのは少し考えればすぐにわかるはずです。同様に、[...] près de 40 000 personnes dans le monde auraient les moyens de se payer un tel séjour, [...]「世界中で4万人近くの人々が、（その気になれば）こうした宇宙滞在のために奮発できると思われる」で使われている、avoir の推測の条件法現在 auraient を単数の *aurait* と誤答している受験者も少なからず見うけられました。主語が「4万人近くの人々」である以上、複数以外に考えられません。このような統辞上のまちがいを減らすには、集中して見直す必要があります。

解答（読まれる文） Le premier hôtel spatial compte ouvrir ses portes en 2012. C'est un projet imaginé par un ancien ingénieur en aérospatiale qui a reçu le soutien d'investisseurs passionnés. Les clients devront débourser pas moins de 4 millions de dollars pour un séjour de trois jours, mais ils pourront faire le tour du monde en 80 minutes et admirer le lever du soleil quinze fois par jour. Pour ce prix, ils bénéficieront aussi d'un entraînement préalable de huit semaines sur une île tropicale. Selon les estimations des promoteurs du projet, près de 40 000 personnes dans le monde auraient les moyens de se payer un tel séjour, mais la proportion de ceux qui seraient prêts à consacrer une telle somme à un voyage dans l'espace reste inconnue.

練習問題3

注意事項

フランス語の文章を、次の要領で3回読みます。全文を書き取ってください。

・1回目は、ふつうの速さで全文を読みます。内容をよく理解するようにしてください。

[I] 1次試験の傾向と対策　書き取り試験

・2回目は、ポーズをおきますから、その間に書き取ってください（句読点も読みます）。
・最後にもう1回ふつうの速さで全文を読みます。
・読み終わってから3分後に聞き取り試験に移ります。
・数を書く場合は、算用数字で書いてください。

〈CDを聞く順番〉　　◉❺ ⇨ ◉❻ ⇨ ◉❺

(09)

解説　今回は、自分の家を改築し、瀟洒な民宿 chambres d'hôtes として旅行客を泊めることのできる施設にすることが、ここ最近フランスでブームになっている、という話です。

（聴取レベル）冒頭の Que ce soit を Que ce *soir* としたまちがいが多く見られました。これは語尾に r が発音されていると勘ちがいしたか、あるいは、ce soir という一つのまとまった表現と勘ちがいしたかのいずれかでしょう。しかし、統辞レベルではありえない文だと判断できるはずです。se constituer を *ce* constituer とした誤りも、統辞上ありえない単純なミスです。また、On compte aujourd'hui deux créations pour une cessation d'activité. は、「今日では、活動の中止1に対し、新たな創造2を数える」という意味で、平たく言えば「民宿をやめる人と始める人の比率は1対2だ」ということになります。この一文の意味がわかりにくかったために、正確に聞き取れない答案が多くありました。とくに On compte のまちがいが多く、*Encore* 以外にも、*En conte*、*En comte*、*En compte* など意味不明な答案がめだちました。cessation d'activité の cessation も聞き取りづらかったのか、そもそもこの単語を知らなかったのか、*cessassion*、*sensation* などの誤答が見受けられました。また、Aménager une chambre d'hôtes en respectant les normes légales [...]「法的基準を守りつつ民宿へと改築すること」という文の les normes légales の箇所でも、*des normes égales*、*l'énorme légale* などのさまざまな誤答が見られました。聞こえた音が、全体と整合性のある意味をなしているか、よく確認する必要があります。un revunu qui oscille entrre 1 500 et 3 000 euros の oscille を *aussi* と勘ちがいした答案も少なくありません。Certains propriétaires ont aussi eu la bonne idée [...] も聞きづらかったようで、*ont tous eu*、*ont aussi une*、*ont aussi* などのさまざまな誤答例が見つか

117

っています。最後の à mobilité réduite も、初めて聞いたために意味をとらえそこなった答案がめだちました。*de mobilité réduite*、*à la mobilité réduite*、*à mobilités réduites* などの誤答がありました。des personnes à mobilité réduite は、身体になんらかの障害がある人を指す表現として、最近ひんぱんに使われるようになった表現ですので、このままの形で覚えてください。

（単語レベル）connaît un véritable engouement の部分で、connaît のアクサン・シルコンフレックスを忘れるような基本的ミスは、1 級レベルでは避けなければなりません。「熱狂、熱中」（ここでは「熱狂的なブーム」くらいの意味）を意味する engouement という単語の箇所では、*engoûment*、*engo*u*ment*、*argument* などの誤答が見られましたが、空欄が圧倒的にめだちました。単語そのものを知らない受験者が多くいたと思われます。また、des activités annexes の annexes にもおなじく、*annéxes*、*annexe*、*anne*x など多様な誤答がありました。

（統辞レベル）Que ce soit の部分が Que ce *soir* になっている誤答についてはすでにふれましたが、これは統辞上ありえません。Que ce soit A ou B「A であるにせよ B であるにせよ」という副詞節はよく使われますので、慣れておく必要があります。また、Nombreux sont les établissements qui [...]「～する施設は多い」の Nombreux が *Nombreuse* となっている答案も見うけられました。この一文では、主語と動詞が倒置されており、主語の établissements が男性複数であることを理解していれば、女性複数がありえないのはすぐに見当がつくはずです。さらに、音としては正しく聞けていながら、文法上の性数一致ができていないケースとして、des activités annexes directement liées の liées と、Parmi les plus appréciées の appréciées が、かなり多くの答案で *liés*、*appréciés* となっていました。liées が女性複数の名詞 activités を修飾しているのは明白ですし、Parmi les plus appréciées が、Parmi les activités les plus appréciées の「省略形」であることも、少し考えれば即座にわかるはずです。こうした統辞上のまちがいを減らすためにも、見直すための 3 分間を有効に使うよう努めてください。

解答（読まれる文） Que ce soit pour se constituer un complément de revenus ou protéger son patrimoine immobilier, la création de chambres d'hôtes connaît un véritable engouement. En quinze ans, leur nombre a été multiplié par 14. On compte aujourd'hui deux créations pour une cessation d'activité. Aménager une chambre d'hôtes en respectant les normes légales revient en moyenne à 15 000 euros pour un revenu qui oscille entre 1 500 et 3 000 euros par an. Nombreux sont les établissements qui ajoutent une table d'hôtes et développent des activités annexes directement liées aux spécificités de la région. Parmi les plus appréciées : randonnées, sport, œnologie, gastronomie... Certains propriétaires ont aussi eu la bonne idée d'ouvrir leur maison à des personnes à mobilité réduite.

練習問題 4

注意事項

フランス語の文章を、次の要領で3回読みます。全文を書き取ってください。
・1回目は、ふつうの速さで全文を読みます。内容をよく理解するようにしてください。
・2回目は、ポーズをおきますから、その間に書き取ってください（句読点も読みます）。
・最後にもう1回ふつうの速さで全文を読みます。
・読み終わってから3分後に聞き取り試験に移ります。
・数を書く場合は、算用数字で書いてください。

〈CDを聞く順番〉　◎❼ ⇨ ◎❽ ⇨ ◎❼

(10)

解説　今回はフランスで本や新聞・雑誌の売り上げが落ちていることを明らかにしつつ、世代間、ならびに親の職業のちがいによる購買傾向の差違について指摘した文章です。3段階に分けてポイントを指摘しておきましょう。

（聴取レベル）主語の Livres et journaux に冠詞がついていないのに、*Les livres et les journaux*、*Des livres et des journaux* などとした誤答がめだちました。主語にかぎった話ではありませんが、名詞が列挙される場合、冠詞を省略できることは知っておくべきです。また、*Livres des journaux*、*Livres et des journaux* などの誤答も多数ありました。規則を知っていることも重要ですが、そもそも発音されていない音を勝手に想像（創造？）するのはつつしまねばなりません。言いかえれば、ここでは正確な聴取力を、正確な文法的知識と連動させる必要があります。また、le recul de la presse の le recul を *leur recul* とした答案も少なからず見られました。le と leur を聞き分けるのは容易なはずですし、そもそも *leur recul de la presse* では意味が成り立ちません。さらに ces dépenses を *ses dépenses* と記した答案も多かったようです。たしかに、ces と ses ではまったく音は同じですが、後者では意味が成立しないことを確認すべきです。採点者がもっとも驚いたのは、analyses économiques の部分を単数形で *analyse économique* と記した答案が受験者の 70％に達していた点です。analyses と économiques の間でリエゾンがおこなわれているのを、聞き逃がした結果だと思われます。こうした点にはふだんから注意してフランス語を聞く練習をせねばなりません。

（単語レベル）Livres et journaux pèsent の pèsent がむずかしかったようで、*pesent*、*pésent*、*thèse*、*pèse*、*pese* などの誤答が多く見られました。動詞 peser は mener と同じ活用パターンですので、再度確認してください。le budget も正確につづれたケースは少なく、*les budget*、*le buget*、*les bugets*、*le budgét* など、基本的なミスをふくむ「多彩な誤答例」が見うけられました。consommateurs のできも悪く、*consomateurs* とした答案が 25％近くあり、そのほかにも、*consomateur*、*consommateur* という誤答がかなりの数にのぼりました。proportionnellement にも頭を悩ませた受験者が多かったようです。*proportionellement* とした答案が全体の 3 分の 1 以上見られました。-mm-、-nn-、-ll- など子音字が重なる場合にはとくに注意が必要です。

（統辞レベル）まず代名詞を正確に聞き取れなかったケースが 2 ヵ所ありますので、そこを指摘しておきましょう。はじめに、Ils en achètent ですが、*Ils ont achètent* ないし *Ils ont achète* とした答案が相当数にのぼりました。統辞上、つまり文法的にこのような単語の並びは成立しえません。さらに、せっかく en が聞き取れているのに、*Ils en achetent*、*Ils en achétent* とした答案がめだちました。次に、直後の mais y consacrent の y consacrent の箇

所が書けていませんでした。とりわけ、*ils consacrent* とした答案が受験者の半分に達していたのは驚きです。たしかに、試験会場で y と ils を聞き分けるのは容易ではないでしょう。しかし、動詞 consacrer が consacrer A à B「A を B にささげる、割り当てる」という形をとることは容易に想像できるわけですし、かつ、主語の ils をこれほど近くで繰り返す必要はない、という予想も成り立つはずです。したがって、ここでは、y という中性代名詞が consacrer とともに現れるかもしれない、というある種の身構え、ないしは予感を働かせるべきでした。

　最後に文法の知識を総動員すれば防げたはずのミスを 2 つ指摘します。le recul de la presse est davantage lié aux nouvelles habitudes d'achats の lié aux の部分ですが、受験者の 4 分の 1 が *lié au* と書いていました。しかし、habitudes は女性名詞ですし、たとえ単数の *habitude* と聞き誤ったにしても、*lié au* は絶対にありえない形だと気づくべきです。また、[...] la catégorie socioprofessionnelle des parents, et en particulier celle de la mère, influe fortement sur ces dépenses. の influe を *influent* と 3 人称複数に活用した答案が多数ありました。主語と動詞の間に et en particulier celle de la mère という語句が挿入されたために（これは主語 la catégorie の一部を説明する補語にすぎません）、正確な統辞を見失ったと思われます。こうしたある種の「トリッキー」な構文については、3 分間の見直し時間を有効に使って、チェックすべきでしょう。これは、書き取りにおいて文法的知識を軽視してはならない典型例だと言えます。

[解答（読まれる文）] Livres et journaux pèsent de moins en moins lourd dans le budget des Français. Ils en achètent encore, mais y consacrent une part de moins en moins importante de leurs dépenses. Et si la baisse du livre touche toutes les générations, le recul de la presse est davantage lié aux nouvelles habitudes d'achats des jeunes, moins consommateurs de quotidiens et magazines. L'origine sociale joue aussi : la catégorie socioprofessionnelle des parents, et en particulier celle de la mère, influe fortement sur ces dépenses. « Les personnes ayant des parents agriculteurs dépensent proportionnellement plus pour la presse, mais moins pour les livres. Tandis que c'est l'inverse pour les enfants de cadres et de professions libérales », observe un spécialiste en analyses économiques.

[I] 1次試験の傾向と対策　聞き取り試験 1

聞き取り試験

1 　一定の長さのテキスト（「聞き取り1」は原則として対話形式）を聞き取り、それに関する質問の答えを空欄にうめて完成させる問題です。最初はおおまかな内容を把握することに努め、1回目の質問が読まれたあとは、その質問内容を中心にして、よりこまかい点に注意をはらいつつテキストを聞いてみましょう。なお、空欄に入る語は、かならずしも読まれたテキストのなかにそのままの形で見いだされるとはかぎりません。とにかく聞き取りに強くなるには、フランス語をシャワーのように浴びることです。ひと昔前とちがい、フランスのラジオ、テレビなどもインターネットを介して簡単に利用できますし、CDなどの教材も多数あります。もちろん、直接フランス人と話す機会のある人は、存分にその機会をいかしましょう。ただし、聞き取りの総合力は、読解力などの他の能力とも強い相関関係にあることを忘れないでください。

練習問題 1

・まず、Olivier へのインタビューを聞いてください。
・続いて、それについての6つの質問を読みます。
・もう1回、インタビューを聞いてください。
・もう1回、6つの質問を読みます。1問ごとにポーズをおきますから、その間に答えを解答用紙の解答欄にフランス語で書いてください。
・それぞれの（　　　）内に1語入ります。
・答えを書く時間は、1問につき10秒です。
・最後に、もう1回インタビューを聞いてください。
・数を記入する場合は、算用数字で書いてください。
（メモは自由にとってかまいません）

〈CDを聞く順番〉　　◎❾ ⇨ ◎❿ ⇨ ◎❾ ⇨ ◎❿ ⇨ ◎❾

(1) Il visait d'abord le grand (　　) mais en fait ce sont surtout des hommes d'(　　) et des gens du show-business.

(2) En général, de leur domicile ou de leur (　　), mais pas toujours.

(3) C'est quand ils étaient pris dans un (　　) et qu'ils ne voulaient pas manquer leur (　　).

(4) Des gens (　　) et responsables ayant au minimum cinq ans de (　　) et de pratique sans accident.

(5) Il peut ainsi (　　) ses clients et payer (　　) cher l'assurance.

(6) Non, il lui est arrivé de conduire à Deauville des personnes (　　) et de les ramener dans la capitale.

(読まれるテキスト)

La journaliste : Votre société propose de transporter des particuliers à moto. Quels sont vos clients ?
Olivier : On visait au début le grand public, mais en fait nos clients sont surtout des hommes d'affaires et des gens du show-business.
La journaliste : D'où vous appellent-ils ?
Olivier : Ils nous téléphonent en général de leur domicile ou de leur bureau, mais ce n'est pas

toujours le cas. On a eu des clients qui nous ont appelés depuis le périphérique. Ils nous ont demandé de venir les chercher dans un taxi pris dans un bouchon parce qu'ils ne voulaient pas rater leur avion.

La journaliste : Et en ce qui concerne vos pilotes, avez-vous des exigences ?

Olivier : Oui, on cherche des gens calmes et responsables qui promettent le plus strict respect du code de la route. Il faut qu'ils aient au moins cinq ans de permis et de pratique sans accident. Cela nous permet non seulement d'ôter toute crainte aux clients, mais aussi de réduire le coût de l'assurance.

La journaliste : Vos activités se limitent-elles à Paris ?

Olivier : Non, par exemple des personnes fortunées ont décidé un jour d'aller passer la soirée à Deauville et elles nous ont demandé de les y conduire et, après restaurant et casino, de les ramener à Paris dans la foulée.

(読まれる質問)

un : Quels sont les clients d'Olivier ?
deux : D'où est-ce que les gens appellent Olivier ?
trois : Dans quelle situation des clients ont-ils téléphoné à Olivier de leur taxi ?

quatre : Quel genre de pilotes Olivier cherche-t-il ?
cinq : En recrutant des personnes responsables, quels avanages Olivier peut-il avoir ?
six   : Les activités d'Olivier se limitent-elles à Paris ?

(06)

解説 バイクで顧客を目的地まで届ける会社を運営している Olivier という人へのインタビューです。「バイク版タクシー」が、渋滞に巻き込まれたタクシーの客を「引き取りにくる」逸話など、細部がおもしろい内容となっています。

(1) Olivier の顧客はどんな人々か、という質問です。ジャーナリストの質問に対し、Olivier は、最初は一般客全般をねらっていたが、実際には「ビジネスマンとショービジネス関係者」が多いと答えています。したがって、le grand (public)「一般客全般」と des hommes d'(affaires)「ビジネスマン」が正解になります。誤答では形容詞の女性形 *publique* が多く見られました。また affaires を単数でつづった答案も多かったようです。しかし、単数の場合は「問題、事件、用事」などの意味になります。「ビジネス、実業」の意味で用いる場合は複数となりますから、注意が必要です。なお、女性の場合は femme d'affaires を使います。

(2) ジャーナリストの質問とほぼ同じ内容になっています。顧客が電話をかけてくる場所が問われていますので、「自宅ないしはオフィス」が多い、と答えることになります。de leur (bureau) と入れればよいので、比較的容易だと思われます。

(3) Dans quelle situation des clients ont-ils téléphoné à Olivier de leur taxi ?「顧客がタクシーから電話してきたのはどのような状況においてですか ?」という質問です。インタビューのなかで Olivier は、「環状道路で渋滞に巻き込まれたタクシーから電話をかけてくる顧客がいる、彼らは飛行機に乗り遅れたくないのだ」と答えています。(bouchon)、(avion) が正解となります。それぞれの同義語として embouteillage、vol を入れることも可能です。

(4) バイクの運転手に対して Olivier は何を要求するか、という質問です。Des gens (calmes) et responsables「落ちついていて責任感がある人」が最初

[I] 1次試験の傾向と対策　聞き取り試験 1

の条件です。さらに交通法規を遵守し、かつ、「免許（permis）取得後5年以上の運転経験があり、しかもその間事故をいっさい起こしていない」という条件がくわわります。calmes を単数にした誤答、permis を *permit* とつづった誤答がめだちました。

(5)「責任感のある人を雇うことは Olivier にとってどんな利点がありますか？」という質問です。本文で彼は、Cela nous permet non seulement d'ôter toute crainte aux clients, mais aussi de réduire le coût de l'assurance.「そうすれば顧客の恐怖心を取り除けますし、保険の支払額を減らすこともできます」と答えています。この設問では、「顧客の恐怖心を取り除く」を「安心させる」(rassurer) で、また「保険の支払額を減らす」を「保険をより安く支払う」payer (moins) cher l'assurance で言いかえる必要があります。rassurer という単語を思いつかなかった受験者が多かったようです。

(6)「Olivier（の会社）の活動はパリに限られていますか？」という質問です。Olivier はインタビューのなかで、金持ちの顧客をドーヴィルまで送迎した経験を披露していますから、その箇所で使われている des personnes (fortunées)「裕福な人々」をそのまま使用すれば正解となります。なお形容詞 fortuné を女性複数形に一致させる必要があります。もっと単純に riches を入れても正解となります。

解答　(1)　(public) (affaires)　(2)　(bureau)
　　　　(3)　(bouchon) (avion)　(4)　(calmes) (permis)
　　　　(5)　(rassurer) (moins)　(6)　(fortunées)

練習問題 2

・まず、Mireille へのインタビューを聞いてください。
・続いて、それについての6つの質問を読みます。
・もう1回、インタビューを聞いてください。
・もう1回、6つの質問を読みます。1問ごとにポーズをおきますから、その間に答えを解答用紙の解答欄にフランス語で書いてください。
・それぞれの（　　　）内に1語入ります。
・答えを書く時間は、1問につき10秒です。
・最後に、もう1回インタビューを聞いてください。

・数を記入する場合は、算用数字で書いてください。
（メモは自由にとってかまいません）

〈CDを聞く順番〉　◎⓫ ⇨ ◎⓬ ⇨ ◎⓫ ⇨ ◎⓬ ⇨ ◎⓫

(1) Il consiste à faire (　　　) une personne âgée et un étudiant.

(2) Elle a voulu contribuer à résoudre le problème du (　　　) des étudiants et celui de l'(　　　) des personnes âgées.

(3) Oui, il y a une (　　　) aux charges d'eau et d'(　　　).

(4) Pour savoir s'ils sont (　　　) de vivre ensemble en (　　　).

(5) Non, la première année, elle n'a reçu qu'une (　　　) de demandes de la part de personnes âgées.

(6) Elle a mis des (　　　) dans la (　　　).

（読まれるテキスト）

Le journaliste : Vous êtes la fondatrice de l'association *Partage Intergénération*. Quel est son objectif ?

Mireille : Il consiste à arranger la cohabitation d'une personne âgée ayant une chambre disponible et d'un étudiant qui, en échange du logement,

　　　　　　　　lui apporte une aide bénévole à la maison.
Le journaliste : Pourquoi avez-vous inventé un tel système ?
　　　Mireille : J'ai voulu proposer une solution aux étudiants face à la pénurie de logements et aussi remédier à l'isolement des personnes âgées.
Le journaliste : Quelle est la particularité de votre association ?
　　　Mireille : Nous ne faisons pas payer de loyer à l'étudiant. Il n'a qu'à participer aux charges d'eau et d'électricité. Et puis, nous procédons d'avance à des entretiens avec l'étudiant et la personne d'accueil, afin de savoir s'ils ont la capacité de cohabiter harmonieusement.
Le journaliste : Qu'est-ce qui est le plus difficile dans votre travail ?
　　　Mireille : Entrer en contact avec les personnes âgées ! La première année, nous n'avons eu qu'une douzaine de demandes ! Nous avons donc mis beaucoup d'annonces dans la presse pour nous faire connaître.

（読まれる質問）

un　　 : Quel est l'objectif de *Partage Intergénération* ?
deux　 : Quelle a été l'ambition de Mireille quand elle a créé *Partage Intergénération* ?
trois　 : Y a-t-il quelque chose à verser de la part de l'étudiant ?

> quatre : Pourquoi procède-t-on à des entretiens avec l'étudiant et la personne d'accueil ?
> cinq : L'association a-t-elle eu un succès immédiat ?
> six : Qu'est-ce que Mireille a fait pour faire connaître son projet auprès des personnes âgées ?

(07)

解説 *Partage Intergénération*（「世代間の共有（共同生活）」）という団体を設立した女性 Mireille に対するインタビューです。この団体は、住居を有するひとり暮らしの高齢者と、部屋を持たない学生との共同生活を実現することを目的に設立されました。

(1) 最初の質問は、ジャーナリストの質問とほぼ同じ形式なので簡単に理解できます。問題は、対話文と印刷された答えの文とが、ことなった構文になっている点です。対話のなかで Mireille は、la cohabitation「同居」という名詞を使っていますが、答えの文では、Il consiste à faire (　　) une personne âgée et un étudiant.「目的は、高齢者と学生とを同居させることにある」という使役構文になっています。そこで、cohabiter「同居する」という不定詞を入れれば正解となります。

(2) 質問文では Mireille がこの団体を設立した意図を尋ねています。インタビューのなかで彼女は、学生の住宅難と高齢者の孤立を同時に解決したかった、という主旨の発言をしています。そこで、インタビューで使われている2つの名詞を入れ、Elle a voulu contribuer à résoudre le problème du (logement) des étudiants et celui de l'(isolement) des personnes âgées.「彼女は、学生の住宅難（住宅問題）と高齢者の孤立の問題を解決するうえで力になりたかった」とすれば正解になります。

(3) 質問文で使われている verser という動詞は、「(口座などに) 振り込む、支払う」という意味です。インタビューのなかで Mireille は、学生は家賃を払わなくてもよい、ただ、Il n'a qu'à participer aux charges d'eau et d'électricité.「水道代と電気代を分担しさえすればよい」と述べています。答えの文では名詞 une (participation)「分担、負担」が要求されていますので注意してください。また、électricité のつづりもまちがえやすいので正確に覚えてくだ

130

[I] 1次試験の傾向と対策　聞き取り試験 1

さい。

(4) Pourquoi procède-t-on à des entretiens avec l'étudiant et la personne d'accueil ?「なぜ学生および受け入れる側に対し面接を実施するのですか」という質問です。インタビューで Mireille は、[...] afin de savoir s'ils ont la capacité de cohabiter harmonieusement.「両者が仲よく同居できるかどうかを知るため」と答えています。ここでは、名詞の capacité を形容詞（複数）の (capables) に、副詞の harmonieusement を、名詞を使った副詞句の en (harmonie) に変換する必要があります。

(5) 団体の活動はすぐに成果をあげたか、という主旨の質問です。ジャーナリストの質問に対し Mireille は、高齢者とコンタクトをとるのが困難で、1年目は10あまりしか申し込みがなかったと嘆いています。彼女は「1ダース」を意味する douzaine という単語を使っていますので、それを正確につづれば正解です。

(6) 上記の状況を打開するために、Mireille は、Nous avons donc mis beaucoup d'annonces dans la presse pour nous faire connaître.「そこで自分たちの存在を知ってもらうために、新聞雑誌などに多くの広告を掲げた」と言っています。この文に登場する annonces と presse をそのまま空欄に入れれば正しい解答となります。なお、annonces と複数にするのを忘れないでください。

解 答　(1)　(cohabiter)　　　　(2)　(logement) (isolement)
　　　　(3)　(participation) (électricité)　(4)　(capables) (harmonie)
　　　　(5)　(douzaine)　　　　　(6)　(annonces) (presse)

練習問題 3

・まず、山小屋を経営する Lucien へのインタビューを聞いてください。
・続いて、それについての6つの質問を読みます。
・もう1回、インタビューを聞いてください。
・もう1回、6つの質問を読みます。1問ごとにポーズをおきますから、その間に答えを解答用紙の解答欄にフランス語で書いてください。
・それぞれの（　　）内に1語入ります。
・答えを書く時間は、1問につき10秒です。

131

・最後に、もう1回インタビューを聞いてください。
・数を記入する場合は、算用数字で書いてください。
（メモは自由にとってかまいません）

〈CDを聞く順番〉　⑬ ⇨ ⑭ ⇨ ⑬ ⇨ ⑭ ⇨ ⑬

(1) C'est un ancien (　　　) de bergers plus ou moins (　　　).

(2) Dans un endroit auquel les (　　　) ne peuvent pas accéder au moins une partie de l'année.

(3) Cuisine, gestion, (　　　) nouvelles ou encore apprentissage d'une langue étrangère.

(4) Elle se compose pour plus de 40 % de (　　　) aguerris et pour le reste d'une clientèle (　　　).

(5) Il sert des (　　　) faits à base de produits biologiques et les chambres sont (　　　) à la bougie.

(6) C'est le toit dont l'(　　　) partielle leur (　　　) de contempler les étoiles.

（読まれるテキスト）

La journaliste : Vous tenez un refuge avec votre femme en Savoie. D'abord, pouvez-vous m'expliquer ce que c'est qu'un refuge ?
　　　　Lucien : En un mot, c'est un ancien abri de bergers
---

plus ou moins rénové. Selon le décret de mars 2007, un refuge doit être situé dans un endroit inaccessible aux véhicules pendant au moins une partie de l'année.

La journaliste : Avez-vous reçu une formation spéciale pour devenir gardien de refuge ?

Lucien : Oui, à l'université de Toulouse. On a eu au programme : cuisine, gestion, énergies nouvelles ou encore apprentissage d'une langue étrangère.

La journaliste : Tout ça pour recevoir des alpinistes ?

Lucien : Pas tout à fait. C'est vrai que les randonneurs aguerris représentent encore plus de 40 % de nos clients, mais les promeneurs qui viennent en famille pour un ou deux jours sont presque aussi nombreux.

La journaliste : Est-ce que vous faites quelque chose de spécial pour vous adapter à cette nouvelle clientèle ?

Lucien : Oui, on a fait de notre refuge un espace entièrement écologique. Par exemple, on cuisine uniquement à base de produits de saison et biologiques. Notre refuge vante aussi les charmes de l'éclairage à la bougie.

La journaliste : Avez-vous quelque chose d'attirant pour les familles avec des enfants ?

Lucien : Bien sûr ! C'est le toit de notre refuge, car une partie s'ouvre tous les soirs pour qu'on

2012 年度 1 級公式問題集

puisse contempler les étoiles au télescope.

（読まれる質問）

un	: D'après Lucien, qu'est-ce que c'est qu'un refuge ?
deux	: Dans quel genre d'endroit un refuge doit-il être situé ?
trois	: Qu'est-ce qui était au programme de la formation que Lucien a reçue ?
quatre	: Quelle clientèle Lucien a-t-il ?
cinq	: Que fait Lucien pour adapter son refuge à son nouveau type de clients ?
six	: Dans le refuge de Lucien, qu'est-ce qui plaît surtout aux familles avec des enfants ?

(08)

解 説 山岳地帯にある昔の羊飼いの小屋を改造して、山小屋を営んでいる男性へのインタビューです。なお、(4)(5)(6)では聞き取った語を変形する必要が生じますので注意が必要です。

(1)「Lucien によれば、山小屋（refuge）とは何ですか」という質問です。解答は Lucien の最初の答えをほぼそのまま引き写したものですので、やさしいでしょう。Lucien は、En un mot, c'est un ancien abri de bergers plus ou moins rénové.「ひと言で言えば、昔の羊飼いの避難所を多かれ少なかれ改修したものです」と述べていますから、空欄には順に abri、rénové が入ります。テキストでは読まれていませんが、rénové のかわりに、restauré、refait、aménagé、réaménagé などの類義語を入れることも可能です。なお、abri を _abris_、_abrit_、_abli_ とつづってしまった誤答が少なからずありました。rénové のつづりまちがいで多かったのは、_renové_、_rénouvé_、_rénovés_ でした。とくに単数を複数にするようなケアレスミスは避けたいものです。

(2)「山小屋（refuge）はどのような場所に位置している必要がありますか」

という質問です。インタビューのなかで Lucien は、「2007 年 3 月の政令によると、山小屋（refuge）は、少なくとも 1 年のうち一定期間は、乗り物（車両）が入ってこられない場所に位置していなければなりません」と答えています。したがって空欄には véhicules が入ります。なお、automobiles、automobilistes、voitures などを入れることも可能です。v*e*hicules、vehic*l*e などのつづりまちがいが散見されたのは残念です。発音とアクサンの関係は正確に覚えてください。

(3)「Lucien が受けた教育内容にはどのようなものがありましたか」という質問です。これに対する答えは、Lucien の 2 番目の返答にそのまま見いだされます。ここでは (énergies) nouvelles となります。耳で聞いただけではわかりませんが、印刷された文の形容詞 nouvelles が複数になっていることに注意してください。énergies を単数にした答案が数多く見うけられました。その他のつづりミスとしては、*e*nergies、én*e*rgies などが散見されました。

(4)「Lucien にはどのようなお客さんがいますか」という質問です。インタビューのなかで彼は、randonneurs aguerris「（鍛えられた）山歩きの達人」が全体の 40％以上を占めるが、les promeneurs qui viennent en famille pour un ou deux jours「1 日か 2 日の予定で、家族でやって来る散策者たち」も同じくらい存在すると述べています。この 2 種類の客層を書き込めばいいわけです。ただし、1 つ目の空欄は Lucien の使った randonneurs をそのまま記入するだけでよいのですが、2 つ目には多少の変形が必要です。[...] une clientèle (   ). と印刷されていますから、名詞の famille ではなく、形容詞形の familiale を書き込む必要があるのです。randonneurs のつづりミスでは、*r*endonneurs がめだちました。また、familiale の誤答としては、無回答のものと、名詞の *famille* をそのまま書き込んだものがもっとも多かったようです。そのほかにも、famili*è*re、famil*l*iale など奇妙なつづりミスが続出していました。

(5)「山小屋（refuge）を新しいタイプの客層に合わせるために、Lucien はどんなこと（工夫）をしていますか」という質問です。これに対し彼は、環境に配慮した工夫をしており、たとえば、[...] on cuisine uniquement à base de produits de saison et biologiques「季節ごとの有機農法による生産物しか使わずに料理している」と答えています。さらに、Notre refuge vante aussi les charmes de l'éclairage à la bougie.「私たちの小屋の部屋は、ロウソクの明かりという魅力にもあふれています」と付け加えています。この 2 点をも

とに、答えを記入するわけですが、ここでも変形の工夫が必要です。まず第1番目ですが、印刷された答えには、Il sert des (　　) faits à base de produits biologiques「彼は有機農法で作られた生産物をもとに調理した(　　)を出している」とありますから、空欄には「食事」を意味するrepasを入れると正解になります。同義語のplats、metsも可能です。ただし誤答例として多かった*cuisines*は「料理一般」ないし「料理法」を意味し、動詞servirとは結びつきませんので注意してください。次に2番目ですが、[...] et les chambres sont (　　) à la bougie「それに部屋はロウソクで(　　)」とありますから、空欄には「照らされている」を意味する動詞の過去分詞の女性複数形 (éclairées) を思いつく必要があります。ここでも名詞の*éclairage*をそのまま記入した誤答例や、*éclairés*のように男性複数形にしたミスが散見されました。

(6)「Lucienの山小屋 (refuge) で、子ども連れの家族にとくに喜ばれるのは何ですか」という質問です。インタビューへの答えで彼は、「それは小屋の屋根ですね。というのも、その一部は毎晩開くので、望遠鏡を用いて星を眺められるからです」と答えています。Lucienの[...] car une partie s'ouvre tous les soirs pour qu'on puisse contempler les étoiles [...]. という表現が、印刷された答えでは、C'est le toit dont l'(　　) partielle leur (　　) de contempler les étoiles.（あえて直訳します）「その部分的な開口が星を眺めるのを可能にする屋根です」という構文に変えられています。したがって空欄には順に、ouverture、permetが入ることになります。1つ目のouvertureを思いつかなかった受験者はひじょうに多かったようです。*ouvrage*、*ouvert*、*espace*などの誤答も散見されました。2つ目のpermetの誤答例でもっとも多かったのは*télescope*でした。つづりミス以前に（正しくはtél*é*scope)、統辞上ここに名詞が入るはずがないので、構文をよく吟味する必要がありそうです。*permettre*、*perm*i*t*などのまちがいも見られました。

解 答 (1) (abri) (rénové)　　(2) (véhicules)
　　　　 (3) (énergies)　　　　(4) (randonneurs) (familiale)
　　　　 (5) (repas) (éclairées)　(6) (ouverture) (permet)

[I] １次試験の傾向と対策　聞き取り試験 [1]

練習問題 4

・まず、Laurent へのインタビューを聞いてください。
・続いて、それについての 6 つの質問を読みます。
・もう 1 回、インタビューを聞いてください。
・もう 1 回、6 つの質問を読みます。1 問ごとにポーズをおきますから、その間に答えを解答用紙の解答欄にフランス語で書いてください。
・それぞれの（　　　）内に 1 語入ります。
・答えを書く時間は、1 問につき 10 秒です。
・最後に、もう 1 回インタビューを聞いてください。
・数を記入する場合は、算用数字で書いてください。
（メモは自由にとってかまいません）

〈CD を聞く順番〉　　◉⓯ ⇨ ◉⓰ ⇨ ◉⓯ ⇨ ◉⓰ ⇨ ◉⓯

(1) Ils étaient (　　　) à la suite d'une maladie qu'ils avaient eue dans leur (　　　).

(2) Il a surtout (　　　) des camarades (　　　) dans les combats.

(3) C'est la (　　　) de la guerre.

(4) Laurent a été (　　　) prêtre.

(5) On lui a demandé pourquoi on ne (　　　) pas la messe en langue des (　　　).

(6) Non, il a pris sa (　　　) en (　　　).

(読まれるテキスト)

La journaliste : Vous êtes né en 1932 en Bretagne et vous êtes un prêtre un peu particulier. Vos parents aussi étaient peu communs.

Laurent : Oui, mes parents étaient sourds tous les deux, parce qu'ils avaient perdu l'ouïe à la suite d'une maladie qu'ils avaient eue quand ils étaient adolescents.

La journaliste : Quand vous étiez au séminaire, on était en pleine guerre d'Algérie.

Laurent : En effet. J'ai été mobilisé et j'ai surtout enterré des copains tués dans les combats. C'est cette misère qui m'a définitivement poussé en religion. J'ai ainsi été ordonné prêtre en 1960.

La journaliste : Six ans après, un événement extraordinaire a eu lieu dans votre vie.

Laurent : Ça s'est passé à Quimper. Dans un rassemblement de malentendants, un jeune m'a demandé pourquoi on ne célébrait pas la messe en langue des signes. J'ai alors repensé à ma mère. Quand mon père est mort, elle a assisté à une messe mais elle n'y a rien compris. Je me suis dit : « Plus jamais ça ! »

La journaliste : Et alors ?

Laurent : Le lendemain, je suis allé voir mon évêque et je lui ai demandé de m'autoriser à célébrer la messe en langue des signes pour ceux qui n'entendent pas. Depuis, j'ai parcouru la Bretagne, la Normandie et la Vendée jusqu'au mois de mars où j'ai pris ma retraite.

(読まれる質問)

un　　: Quelle est la particularité des parents de Laurent ?
deux　: Qu'est-ce que Laurent a fait en Algérie ?
trois　: Qu'est-ce qui a déterminé la vocation de Laurent ?
quatre : Qu'est-ce qui s'est passé en 1960 ?
cinq　: Dans le rassemblement de 1966, sur quoi Laurent a-t-il été interrogé ?
six　　: Laurent continue-t-il à travailler ?

(09)

解説　今回は、長年にわたり手話でミサをあげてきた司祭へのインタビューです。Laurent が司祭となった経緯や、手話でミサをおこなうようになった契機について、具体的にインタビューに答えていますので、話の概要をつかむのは比較的やさしいと思われます。

(1)「Laurent の両親にはどのような特徴がありますか」という質問です。インタビューのなかで Laurent は、[...] mes parents étaient sourds tous les deux, parce qu'ils avaient perdu l'ouïe à la suite d'une maladie qu'ils avaient eue quand ils étaient adolescents.「私の両親は 2 人とも耳が聞こえません。というのも、若いとき (青年期) にかかった病気がもとで聴覚を失ってしまったからです」と述べていますから、空欄には順に sourds、adolescence が入ります。sourds はインタビューのなかと同じですので問題ありませんが、インタビューのなかでは、quand ils étaient adolescents となっていた箇所が、質問への答えでは、dans leur (　　) と名詞を要求する形になっていますので、adolescence と変形する必要が生じます。jeunesse を入れることも可

能です。sourds の誤答例としては、*sours*、*perdus*、*morts* などが、adolescence の誤答例としては、*adlescence*、*adolescent*、*ado*_*less*_*ent*、*ado*_*r*_*essant* などがめだちました。

(2)「Laurent はアルジェリアで何をしましたか」という質問です。インタビューのなかで彼は、J'ai été mobilisé et j'ai surtout enterré des copains tués dans les combats.「私は動員され、とりわけ戦闘で死んだ仲間を埋葬しました」と述べていますから、空欄には順に enterré、tués をそのまま入れれば正解となります。enterré のかわりに inhumé を入れても正解です。誤答例としては、*entré*、*int*_*é*_*ré*、*intérêt*、*ent*_*é*_*ré* など多様な例が見られました。enterrer は « en + terre »「土のなかに入れる」を原義とする基本単語ですからぜひ覚えてください。2番目の（　　　）の直前は、des camarades (tués) dans les combats と少し変化していますが、修飾する名詞 camarades が対応するインタビュー内の単語は copains と男性複数なので、tués とするのが適当です（camarade という単語自体は e で終わるので男女同形です）。これ以外に、abattus、assassinés、décédés、massacrés、morts、tombés などの類義語も正解としました。

(3)「Laurent が天職を選ぶのを決定づけた要因は何ですか」という質問です。インタビューのなかで彼は、C'est cette misère qui m'a définitivement poussé en religion.「私を宗教の世界へと決定的に導いたのは、その（＝戦争の）悲惨さです」と述べていますから、空欄にはそのまま misère を入れることになります。*mis*_*é*_*re*、*mobilisation*、*cause*、*vocation*、*fin*、*religion* などの誤答例がありました。

(4)「1960年にはどんなことが起こりましたか」という質問です。インタビューのなかで Laurent は、J'ai ainsi été ordonné prêtre en 1960.「こうして私は1960年に司祭に叙階されました」と述べていますから、空欄にはそのまま ordonné が入ることになります。「～を叙階する、聖職に任命する」という意味の ordonner について辞書で確認しておいてください。誤答例としては、*ordon*_*é*、*devenu* などが見られました。

(5)「1966年の集会で、Laurent はどのようなことを尋ねられましたか」という質問です。インタビューでは1966年という年代は出てきませんが、1960年に司祭に叙階された Laurent に対しインタビュアーが Six ans après, un événement extraordinaire a eu lieu dans votre vie.「その6年後、あなたの人生に特別な出来事が起こりましたね」と言っていますので、1966年の

ことがそのあと話題になっていると見当をつける必要があります。そのコメントに対し、Laurent は、「耳の不自由な人々の集まりで、ある若者がなぜ手話でミサをおこなわないのかと私に質問してきました」と述べていますから、空欄には順に célébrait, signes が入ります。célébrait の箇所では、*célèbre*、*célébre*、*célèbrait*、*cérébrait* などの誤答例が多く見られました。なお主節が On lui a demandé pourquoi [...] と複合過去であり、時制の一致が起こりますので、3人称単数の直説法現在形 *célèbre* は正解とは認められません。他方、célébrait のかわりに disait を入れても正解としました。また「手話」は langue des (signes) のみならず langue des mal(-)entendants とも言いますので、mal(-)entendants も正解としました。ただし、signes と複数にすべきところを *signe* と単数にした場合は誤答となりますので注意してください。

(6) 「Laurent は今でも働きつづけていますか」という質問です。これに対し彼は Depuis, j'ai parcouru la Bretagne, la Normandie et la Vendée jusqu'au mois de mars où j'ai pris ma retraite. 「以来、この3月に退職するまで、私はブルターニュ、ノルマンディー、ヴァンデの各地方をくまなくまわって（手話によるミサをあげて）きました」と答えていますから、retraite、mars をそのまま空欄に入れれば正解です。ただし、mars を入れるべき空欄に、なぜか *Bretagne*、*Normandie*、*1966* などの誤答例がめだったのは意外です。なお、司祭には管轄の地域があります。地域名から察するに、Laurent の場合はフランス北西部が中心だったようです。

解　答 (1) (sourds) (adolescence)　(2) (enterré) (tués)
(3) (misère)　(4) (ordonné)
(5) (célébrait) (signes)　(6) (retraite) (mars)

練習問題 5

・まず、Virginie へのインタビューを聞いてください。
・続いて、それについての6つの質問を読みます。
・もう1回、インタビューを聞いてください。
・もう1回、6つの質問を読みます。1問ごとにポーズをおきますから、その間に答えを解答用紙の解答欄にフランス語で書いてください。

・それぞれの（　　）内に１語入ります。
・答えを書く時間は、１問につき 10 秒です。
・最後に、もう１回インタビューを聞いてください。
・数を記入する場合は、算用数字で書いてください。
（メモは自由にとってかまいません）

〈CD を聞く順番〉　　ⓒ⓱ ⇨ ⓒ⓲ ⇨ ⓒ⓱ ⇨ ⓒ⓲ ⇨ ⓒ⓱

(1) Elle a fait de l'(　　　) pendant huit ans.

(2) C'est la (　　　) en civil de magasins et d'établissements (　　　).

(3) C'est le fait d'être (　　　) comme elle le souhaitait.

(4) Oui, ce n'est pas un milieu (　　　) contrairement à ce que l'on (　　　).

(5) Ce sont les (　　　) qui sont difficiles à (　　　).

(6) Elle veut avoir de l'(　　　) dans l'entreprise pour devenir (　　　) d'équipe.

（読まれるテキスト）

Le journaliste : Virginie, vous êtes agent de sécurité à Toulouse. Quel a été votre chemin avant d'exercer ce métier ?
　　　Virginie : Après la fac, j'ai fait de l'intérim pendant huit ans : télé-prospection, logistique, commis

de cuisine. C'est vraiment par hasard que la fonction d'agent de sécurité est venue à moi.

Le journaliste : Quel est votre rôle ?

Virginie : Mon rôle est de surveiller en civil des magasins et des établissements bancaires.

Le journaliste : Parmi les agréments de votre profession, lequel retenez-vous d'abord ?

Virginie : L'indépendance, c'est ce que je souhaitais.

Le journaliste : Vous vous entendez bien avec vos collègues masculins ?

Virginie : Oui, très bien. Ce n'est pas un milieu misogyne contrairement à ce que l'on croit.

Le journaliste : Quels sont les inconvénients inhérents à votre métier ?

Virginie : Les horaires sont parfois lourds à gérer : des sessions de douze heures, ou bien commencer à une heure et demie du matin...

Le journaliste : Quels sont vos espoirs, vos attentes concernant votre activité ?

Virginie : J'ai dix ans d'expérience et je souhaite avoir de l'avancement dans l'entreprise pour devenir chef d'équipe.

（読まれる質問）

un : Qu'est-ce que Virginie a fait après la fac, avant de devenir agent de sécurité ?

deux : Quel est le rôle actuel de Virginie ?

> trois : Parmi les aspects positifs de sa profession, lequel Virginie retient-elle d'abord ?
> quatre : Virginie s'entend bien avec ses collègues masculins ?
> cinq : Quels sont les inconvénients du métier de Virginie ?
> six : Quels sont les espoirs de Virginie concernant son activité ?

(10)

解説 今回は、大学を卒業後さまざまな臨時雇い（アルバイト）を経験したのち、警備会社の職員に採用された女性へのインタビューです。

(1)「Virginie は大学を卒業後、現在の警備会社の社員になるまで何をしていましたか」という質問です。インタビューのなかで Virginie は、Après la fac, j'ai fait de l'intérim pendant huit ans : télé-prospection, logistique, commis de cuisine.「学部卒業後、8年間臨時雇いの仕事をしていました。電話によるマーケット・リサーチだとか、製品管理だとか料理の手伝いなどです」と答えていますので、空欄には intérim をそのまま入れればよいわけですが、3分の1ほどの受験者が *intérime* と誤答しました。さらに、*interime*、*intérium*、*interim*、*antelirm*、*entérieme* など、さまざまな誤答例が見つかりました。intérim「臨時雇い、アルバイト」という語自体を知らなかった受験者が多かったようです。なお intérim はラテン語の副詞 interium「～の間に」に由来し、さらにこの語は、同じくラテン語の inter という前置詞にさかのぼります。フランス語で関連するのは、entre「～の間に」という前置詞です。こう見てくると「用事の合間におこなう仕事」というイメージがつかめると思われます。なお、intérim から派生した形容詞（および名詞）の intérimaire も覚えておきましょう。

(2)「Virginie の現在の役目は何ですか」という質問です。インタビューのなかで彼女は、Mon rôle est de surveiller en civil des magasins et des établissements bancaires.「私の役目は、私服姿で商店や銀行を見まわる（監視する）ことです」と述べています。一方、答えのほうの文では、C'est la (　　　) en civil de magasins et d'établissements (　　　). となっています。最初の空欄に名詞が入るのは一目瞭然なので、動詞 surveiller の名詞形

144

surveillance を入れれば正解です。その他、garde、protection なども正解として認めました。なお誤答例として多かったのは、*surveillence*、*surveillante* です。2番目の空欄には bancaires をそのまま入れれば完成ですが、単数の *bancaire* を入れた受験者が多く残念です。こうしたケアレスミスには十分に注意しましょう。なお、*banquaires*、*banquaire*、*banquer*、*banquère* などのつづりミスも多く見られました。

　(3)「Virginie の職のさまざまなプラス面のうち、彼女がもっともありがたいと思っているのは何ですか」という質問です。インタビューのなかで彼女は、L'indépendance, c'est ce que je souhaitais.「自主独立です。それこそ私がずっと追い求めていたものですから」と答えています。一方、答えの文では C'est le fait d'être (　　　) comme elle le souhaitait. と構文が変換されていますので、空欄には indépendante という女性形形容詞（単数）に変えて入れる必要があります。*indépendant*、*indépendente*、*indépendent*、*indépendance* などの誤答例がありました。

　(4)「Virginie は男性の同僚とうまくやっていますか」という質問です。インタビューのなかで彼女は、Oui, très bien. Ce n'est pas un milieu misogyne contrairement à ce que l'on croit.「ええ、ひじょうにうまくやっています。みなさんの思っているのとはちがい、女性蔑視の職場ではありませんよ」と述べていますから、空欄には順に misogyne、croit を入れれば正解となります。最初の misogyne が難関だったようです。ほぼ4分の1の受験者が *misogine* と誤答しました。そのほか、*misosine*、*mysogine*、*misojine* などの誤答例も見うけられました。音はほぼ正確に聞き取れているのに、自分の語彙力の範疇を逸脱していたか、あるいは、つづりがあやふやだったかのか、そのいずれかだと思われます。なお、misogyne 以外に、miso、sexiste、machiste、macho も正解としました。ちなみに、misogyne はそれぞれ「嫌う」、「女性」を意味する合成語要素 miso-、-gyne が語源となっています。モリエールの有名な芝居『人間嫌い』*Le Misanthrope* も、「人間」anthropos が「嫌い」miso- と連結した語です。反対語は philanthrope「博愛家、慈善家」となります。phil(o)- が「愛する、好む」の合成語要素となっています。ここから philosophie「哲学（sophos 智）を愛する」という単語とつながるのは一目瞭然ですね。さて、後者の空欄に入るべき croit のほうはよくできていましたが、*croît*、*croie* などの誤答例が散見されました。なお croit 以外に、pense、imagine、suppose、dit、répète なども正解としました。

(5)「Virginie の仕事の不都合な点は何ですか」という質問です。彼女はインタビューのなかで、Les horaires sont parfois lourds à gérer : des sessions de douze heures, ou bien commencer à une heure et demie du matin...「12時間ぶっ通しの仕事や、午前1時半に始まるケースもあるから、勤務時間のやりくりで苦労することがたびたびある」と述べています。答えのほうの文は Ce sont les (　　　) qui sont difficiles à (　　　). と強調構文になってはいますが、それぞれ horaires、gérer をそのまま入れればよいことは、比較的簡単に思いつくと思われます。しかし実際の試験では、1割以上の受験者が horaires を入れるべき空欄に対し無回答でした。この語に「時刻表、営業・業務時間、労働時間、時間割」などの意味があることを覚えてください。誤答例としては、*horraires*、*heures*、*métiers*、*oreilles* などがありました。後半の gérer に関しても1割以上の受験者が無回答でした。「管理する」を意味するこの gérer から、gestion「管理、運営、業務執行」という名詞が派生している点にも注意しつつ、この単語をぜひ覚えてください。なお誤答例としては、*gerer*、*travailler*、*expliquer* などがありました。

(6)「Virginie は職場での活動面でどのような希望をもっていますか」という質問です。彼女はインタビューのなかで J'ai dix ans d'expérience et je souhaite avoir de l'avancement dans l'entreprise pour devenir chef d'équipe.「私には10年の経験がありますので、昇進して、チームリーダーになりたいと願っています」と答えています。そこで空欄には順に avancement、chef と入れればよいわけです。chef 以外に、responsable、cheffe（スイスの用法）も正解としました。

解 答 (1) (intérim)　(2) (surveillance) (bancaires)
(3) (indépendante)　(4) (misogyne) (croit)
(5) (horaires) (gérer)　(6) (avancement) (chef)

2 内容一致を問う正誤問題（「聞き取り2」は原則として、モノローグないし3人称の説明文）

です。正誤を判断するこの形式の問題は毎回高得点率をあげているものですが、早とちりは禁物です。落ちついて話のポイントを把握するように心がけましょう。なお、1回目は内容をおおづかみに把握し、2回目にポイントになりそうな点をメモするとよいでしょう。問題文をほぼ理解できれば、10の文の正誤は比較的容易に判断できるのがふつうですが、ときとして、細部についての不一致点をつつくような引っかけ的な文が混じっていることがあるので、油断は禁物です。

練習問題 1

・まず、ムンバイ（Munbai）近くに住む Ajoy に関する話を2回聞いてください。
・次に、その内容について述べた文(1)～(10)を2回通して読みます。それぞれの文が話の内容に一致する場合は解答欄の①に、一致しない場合は②にマークしてください。
・最後に、もう1回 Ajoy に関する話を聞いてください。
（メモは自由にとってかまいません）

〈CDを聞く順番〉　⑲ ⇒ ⑲ ⇒ ⑳ ⇒ ⑳ ⇒ ⑲

（読まれるテキスト）

Toute sa vie Ajoy a enseigné les relations internationales dans une université américaine. Mais après avoir pris sa retraite, il est rentré en Inde pour créer son vignoble à trois heures de route au nord-est de Mumbai. À vrai dire, il ne connaissait pas grand-chose en matière de vin. Un ami californien l'a donc aidé et lui a donné des renseignements indispensables pour importer une grande variété de cépages.

　Grâce au climat chaud et humide du pays, on peut obtenir

deux vendanges par an. Pour l'instant, l'essentiel du vignoble indien sert néanmoins à produire des raisins de table, c'est-à-dire des raisins à manger. La consommation de vin par habitant ne dépasse pas, en effet, cinq millilitres par an. C'est très peu par rapport aux 53 littres que les Français boivent annuellement. De plus, dans un pays où un tiers de la population vit sous le seuil de pauvreté, le prix moyen d'une bouteille — huit euros — est trop élevé. Mais Ajoy a confiance en l'avenir. Dans son pays, les ventes de vin augmentent de près de 30 % chaque année et la classe moyenne compte 200 millions d'habitants. N'est-ce pas un marché prometteur ? Ajoy a même une ambition plus grande. En améliorant la qualité de ses produits, il souhaite les vendre à l'étranger. D'autant plus que ses collègues exportent déjà 10 % de leur production.

(読まれる内容について述べた文)

un : Ajoy a enseigné les relations internationales dans une université indienne.
deux : Il faut trois heures de marche pour aller de Mumbai au vignoble d'Ajoy.
trois : N'étant pas grand connaisseur en vin, Ajoy avait besoin de conseils.
quatre : Ajoy n'a pas importé qu'un seul cépage.
cinq : Aujourd'hui, la majeure partie du vignoble indien produit des raisins à manger.
six : Les Français consomment dix fois plus de vin que

[I] 1次試験の傾向と対策　聞き取り試験 [2]

　　　　　les Indiens.
sept　: Les deux tiers de la population vivent sous le seuil de pauvreté en Inde.
huit　: En Inde, les ventes de vin augmentent chaque année d'à peu près 30 %.
neuf　: Ajoy ne veut pas se contenter de vendre ses produits dans son pays.
dix　: Les vignobles indiens exportent déjà l'essentiel de leur production.

(06)

[解説]　アメリカの大学で教鞭をとっていた Ajoy が、定年後母国インドに帰ってブドウ農家になった、という話です。インドにおけるワイン消費の実態なども織り込まれ、興味深い話になっています。

(1) Ajoy はアメリカの大学で国際関係論を教えていたと述べられていますから、dans une université indienne「インドの大学で」は誤りです。

(2) ここではムンバイから Ajoy のブドウ園まで trois heures de marche「徒歩で3時間」とあります。しかし「読まれるテキスト」では trois heures de route「車で3時間」とありますから、本文の内容と一致しません。

(3) Ajoy には専門的知識がなかったので、カリフォルニアの友人が彼に助言したと述べられていますから、本文の内容と一致します。

(4) かなりの難問です。もし設問の文が、Ajoy n'a importé qu'un seul cépage.「Ajoy は1種類のブドウの苗しか輸入しなかった」であったならば、「読まれるテキスト」に une grande variété de cépages「多種多様なブドウの苗」という表現があるので、明らかに本文の内容に一致しません。ところがこの文は、Ajoy n'a importé qu'un seul cépage. の否定形となっています。つまり、ne ... pas ... que ~「～だけというわけではない」という構文です。Ajoy n'a pas importé qu'un seul cépage.「Ajoy はたった1種類の苗のみ輸入したわけではない」という意味になり、本文の内容に一致します。

(5) インドのブドウ園の大部分は食用のブドウを生産している、と述べら

149

れていますから、本文の内容と一致します。

(6) ワインの1年に1人あたりの消費量は、インドが5ミリリットル、フランスが53リットル（53,000ミリリットル）であると指摘されています。したがって、10倍どころか1万倍以上の消費量になります。

(7) インドで貧困層とされる基準以下で暮らしている人々の比率は、3分の1と述べられており、3分の2ではないので、本文の内容と一致しません。

(8) インドのワイン消費量は前年度比にして毎年およそ30％増加していると指摘されていますから、本文の内容に一致します。

(9) Ajoyは、自分のブドウの品質を高めて、いずれは外国に輸出したいと考えていると述べられています。したがって、「生産物を自分の国だけで売ることに満足していない」というこの文は本文の内容に一致します。

(10) インドのブドウ園はその生産物の10％をすでに外国に輸出していると述べられています。これは l'essentiel de leur production「彼らの生産物の大部分」とはとうてい言いがたいので、本文の内容に一致しません。

解 答　(1) ②　(2) ②　(3) ①　(4) ①　(5) ①　(6) ②　(7) ②　(8) ①
　　　　(9) ①　(10) ②

練習問題 2

・まず、トラピスト会の修道士 Robert に関する話を2回聞いてください。
・次に、その内容について述べた文 (1)～(10) を2回通して読みます。それぞれの文が話の内容に一致する場合は解答欄の①に、一致しない場合は②にマークしてください。
・最後に、もう1回 Robert に関する話を聞いてください。
（メモは自由にとってかまいません）

〈CDを聞く順番〉　㉑ ⇒ ㉑ ⇒ ㉒ ⇒ ㉒ ⇒ ㉑

（読まれるテキスト）

Robert est un moine trappiste de 38 ans, né à Los Angeles, de parents boulangers émigrés en Californie. Il a déjà passé près de la moitié de son existence derrière les murs d'une abbaye qui se trouve dans le sud de la France. Il ne s'imaginait pas quitter à 22 ans les plages californiennes pour se donner à Dieu et mener une vie de silence, de prière et de contemplation.

Pourtant, il n'est pas seulement un moine contemplatif, il est aussi un homme d'affaires averti. Il dirige une entreprise nommée « Le Moulin trappiste », propriété exclusive des 70 moines de l'abbaye. Tous les trappistes y sont donc à la fois religieux et commerçants. Pourquoi cette affaire ? C'est tout simple, car la règle essentielle de l'abbaye interdit de vivre de la charité. C'est-à-dire que leur communauté doit être 100 % autosuffisante.

Dans l'abbaye, on produit toute une variété de produits qui seront ensuite mis en vente : confiture, miel, cacao en poudre, café, biscuits diététiques, thé exotique, etc. Mais leur produit numéro 1, ce sont les compléments alimentaires faits à 100 % de germe de blé, très riches en vitamines naturelles.

Leur société affiche pour 2005 un chiffre d'affaires de 4 millions d'euros et les bénéfices s'élèvent à 150 000 euros. Bien sûr, leur but n'est pas de gagner pour gagner. Pourtant, Robert partage, avec les autres moines, un doux rêve : c'est de restaurer complètement leur abbaye, qui n'a pas été rénovée depuis la Révolution française.

（読まれる内容について述べた文）

un	: Les parents de Robert sont nés en Californie.
deux	: Robert a déjà passé plus de 15 ans dans l'abbaye trappiste.
trois	: Robert rêvait depuis son enfance d'entrer en religion.
quatre	: Robert est à la fois un moine contemplatif et un homme d'affaires expérimenté.
cinq	: La société « Le Moulin trappiste » n'appartient pas exclusivement aux moines de l'abbaye.
six	: La règle de l'abbaye ne permet pas à ses membres d'être économiquement dépendants.
sept	: L'abbaye vend des produits variés, dont des compléments alimentaires faits uniquement de germe de blé.
huit	: En 2005, le chiffre d'affaires de la société « Le Moulin trappiste » a dépassé 5 millions d'euros.
neuf	: En 2005, la compagnie trappiste a eu une balance déficitaire.
dix	: Robert et ses collègues aimeraient un jour utiliser leurs bénéfices pour la rénovation de leur abbaye.

(07)

解説 22歳のとき故郷のカリフォルニアを離れ、フランス南部の修道院に入った Robert に関する話です。Robert は修道士以外に、有能なビジネスマンとしての顔も持ち合わせています。なぜでしょうか？

（1）Robert の両親はカリフォルニアに移住してきたことが本文で述べられていますから、本文の内容には一致しません。

（2）「Robert はすでに 15 年以上トラピスト会の修道院ですごしている」と

いう文です。読まれる文によると、Robert は現在 38 歳です。また、彼がカリフォルニアを離れて修道院に入ったのは 22 歳のときですから、単純な引き算で、16 年という数字が出てきます。したがって、本文の内容と一致します。

(3) 読まれる文のなかでは、Il ne s'imaginait pas quitter à 22 ans les plages californiennes pour se donner à Dieu [...]「彼は、神に我が身をささげるために、22 歳でカリフォルニアのビーチを離れるなどとは思ってもいなかった」と述べられていますから、(3)の文は本文の内容とは一致しません。

(4)「Robert は瞑想する修道士であると同時に、経験を積んだビジネスマンでもある」というこの文は、本文の内容と一致します。本文では、un homme d'affaires <u>averti</u>「経験の豊富なビジネスマン」、この文では un homme d'affaires <u>expérimenté</u>「経験を積んだビジネスマン」と、形容詞はことなりますが、意味はほぼ同じです。

(5)「« Le Moulin Trappiste » という会社は、修道院の修道士のみに属しているわけではない」という意味です。読まれる文には、propriété exclusive des 70 moines de l'abbaye「修道院の 70 人の修道士のみに属する財産（所有物）」と明言されていますから、本文の内容には一致しません。

(6)「修道院の規則は、その構成員（修道士）に対し、経済的に依存することを許さない」という意味の文です。読まれる文には、[...] la règle essentielle de l'abbaye interdit de vivre de la charité「修道院の基本的な規則（戒律）は、施し物で生活することを禁じている」と述べられていますから、この一文は本文の内容に合致しています。

(7)「修道院は多様な製品を販売しているが、そのなかには、小麦の胚芽のみから作られた補助食品がある」という意味です。第 3 段落を聞けば、これが本文の内容と一致しているのは明らかです。しかし、「包含関係」を示すこの dont の使い方に慣れていないと、真偽の判断は意外とむずかしいかもしれません。

(8)「2005 年、« Le Moulin trappiste » という会社の年商は 500 万ユーロを超えた」という文です。読まれる文の第 4 段落には、Leur société affiche pour 2005 un chiffre d'affaires de 4 millions d'euros [...]「彼らの会社は 2005 年には 400 万ユーロの総売上げを誇っている」と明言されています。したがって本文の内容とは一致しません。

(9)「2005 年、トラピスト修道会の会社は収支が赤字であった」という意

味の文です。読まれる文では、[...] les bénéfices s'élèvent à 150 000 euros「利益は 15 万ユーロにのぼる」と述べられていますから、両者の内容は一致しません。

⑽「Robert とその同僚たちは、収益を使って、いつの日か自分たちの修道院の改修をしたいと思っている」という文です。読まれる文の末尾の内容とぴったり一致しています。

解 答　(1) ②　(2) ①　(3) ②　(4) ①　(5) ②　(6) ①　(7) ①　(8) ②
　　　　　(9) ②　⑽ ①

練習問題 3

・まず、Patrice の話を 2 回聞いてください。
・次に、その内容について述べた文 (1) ～ ⑽ を 2 回通して読みます。それぞれの文が話の内容に一致する場合は解答欄の①に、一致しない場合は②にマークしてください。
・最後に、もう 1 回 Patrice の話を聞いてください。
（メモは自由にとってかまいません）

〈CD を聞く順番〉　🔘㉓ ⇨ 🔘㉓ ⇨ 🔘㉔ ⇨ 🔘㉔ ⇨ 🔘㉓

（読まれるテキスト）

　Cet été, pour la première fois, je ne pars pas ! Je prends une semaine de vacances chez moi, dans ma maison de 300 m² qui se trouve à deux kilomètres d'Avignon. J'y suis installé depuis six mois. Nous serons en famille avec Natacha, ma femme, mes trois filles Ania, neuf mois, Marina, deux ans et demi, et Pauline, dix ans. Pauline, née d'un premier mariage, vient nous voir un week-end sur deux et la moitié des vacances. Après avoir travaillé pendant quinze ans dans une société de Bourse, j'ai décidé de quitter la capitale pour m'occuper d'un champ d'oliviers que j'ai hérité de mon grand-père. C'est un changement total par rapport à ma vie parisienne.

Certains, ici, ont du mal à me comprendre. Pourquoi avoir quitté un métier où je gagnais quatre fois plus pour me consacrer à une oliveraie familiale ? Mais j'ai mis longtemps à mûrir ce projet. J'ai commencé à y penser il y a dix ans, à la naissance de ma fille aînée. Le divorce et le célibat m'ont obligé à différer ce projet. Quand j'ai rencontré Natacha, il y a cinq ans, et quand elle m'a confié que son ambition dans la vie était de « faire des enfants et des confitures », j'ai su qu'elle était la compagne idéale pour réaliser mon projet.

（読まれる内容について述べた文）

un　　　： Jusqu'à présent, Patrice partait rarement en vacances en été.
deux　　： Depuis six mois, Patrice cherche une maison près d'Avignon pour installer son épouse et ses trois filles.
trois　　： Pauline est la fille aînée de Patrice née de son premier mariage.
quatre ： D'ordinaire, Pauline vient voir son père tous les quinze jours.
cinq　　： Cet été, Pauline ne rejoindra pas en vacances son père et sa belle-mère.
six　　　： Désormais, Patrice compte partager sa vie entre son

	champ d'oliviers et une société de Bourse parisienne.
sept	: Depuis que Patrice s'occupe d'une oliveraie héritée de son grand-père, son revenu a augmenté.
huit	: Patrice a eu l'idée de s'installer en province lorsque sa fille aînée est née.
neuf	: Patrice a divorcé pour faciliter la réalisation de son projet.
dix	: Patrice estime que l'ambition de sa femme actuelle est compatible avec la sienne.

(08)

解説 パリの証券取引所での仕事をあえて捨て、祖父から継いだオリーヴ畑で生計を立てることにしたPatriceの話です。アヴィニヨンから2キロほどの土地に大きな家を得たPatriceは、バカンスを自宅ですごすことにしました。

(1) Patriceは、今年の夏は初めて出かけないことになった、と述べていますから、「バカンスにはめったに出かけない」というこの設問文は本文の内容に一致しません。

(2) Patriceは、家族を住まわせるため、この6ヵ月の間アヴィニヨンの近くに家を探しつづけている、という主旨の文です。本文では、J'y suis installé depuis six mois. と述べられていますから、すでに新しい家に落ちついているわけで、本文と一致しません。

(3) Paulineが最初の結婚で授かった娘であることを、Patriceは明言していますから、本文の内容に一致します。

(4) 「ふだんPaulineは2週間ごとに（tous les quinze jours）父親に会いにくる」という文です。本文ではPauline [...] vient nous voir un week-end sur deux [...]「Paulineは週末2回につき1回われわれに会いにきます」と述べられていますから、結局同じ内容になり一致します。

(5) 本文では、Paulineはバカンスの半分はいっしょにすごしにくると述べられていますから、この文はまったく一致しません。ただCet été, Pauline

ne rejoindra pas en vacances son père et sa belle mère.「今年の夏、Pauline はバカンスの間、父親と義理の母には合流しない予定である」という言い方はむずかしいので、落ちついて判断しましょう。

(6) Patrice は、高給がとれる証券取引所での仕事をあえて捨てて、祖父から継いだオリーヴ畑の仕事を選んだわけですから、2つの仕事をかけ持つという主旨のこの設問文は本文の内容と一致しません。

(7)「祖父から継いだオリーヴ畑を経営するようになって以来、Patrice の収入はふえた」という文です。Patrice は、Pourquoi avoir quitté un métier où je gagnais quatre fois plus [...]「なぜ、(今の) 4倍も稼いでいた職を捨てたのか」を説明しています。したがってこの設問文は本文の内容に一致しません。

(8)「Patrice は長女が生まれたときに、田舎に身を落ちつけようと思いはじめた」という文です。彼は本文で、J'ai commencé à y penser il y a dix ans, à la naissance de ma fille aînée. と明言していますので、本文の内容に一致します。

(9)「Patrice は自分の計画を容易に実現するために離婚した」という文です。本文では、Le divorce et le célibat m'ont obligé à différer ce projet.「離婚して独身になったために、この計画を延期せざるをえなかった」と明言されているので、この設問文は一致しません。

(10)「Patrice は、今の妻の望みは、自分のそれと両立しうると考えている」という文です。本文の最後で、今の妻である Natacha の「人生における望み」は、[...] de « faire des enfants et de la confitures »「『子どもとジャムを作る』こと」(＝家庭を大事にする生活を送ること)であり、それを聞いたときに、「彼女は自分の計画を実現するうえで最良の伴侶だと思った」、と述べられています。したがって設問文は本文の内容と一致します。

解　答　(1) ②　(2) ②　(3) ①　(4) ①　(5) ②　(6) ②　(7) ②　(8) ①　(9) ②　(10) ①

練習問題 4

・まず、Dominique の話を 2 回聞いてください。
・次に、その内容について述べた文 (1) 〜 (10) を 2 回通して読みます。それ

ぞれの文が Dominique の話の内容に一致する場合は解答欄の①に、一致しない場合は②にマークしてください。
・最後に、もう1回 Dominique の話を聞いてください。
（メモは自由にとってかまいません）

〈CDを聞く順番〉　◎㉕ ⇨ ◎㉕ ⇨ ◎㉖ ⇨ ◎㉖ ⇨ ◎㉕

（読まれるテキスト）

　Pendant un voyage familial en Italie, j'ai subi un choc esthétique devant des peintures murales de l'époque romaine. Quand j'étais lycéenne, je me suis intéressée en particulier à l'histoire de l'art. À l'âge de 18 ans, je n'ai pas hésité à choisir l'école des Beaux-Arts de Nancy. Mais cette école n'offrait pas de cours de peinture murale. On m'a conseillé alors d'entrer dans le secteur de la peinture en bâtiment. Et je suis devenue apprentie dans un atelier de construction. Après de longues années de travaux sur les chantiers, je gagne bien ma vie, mais je n'ai pas une minute à consacrer à des œuvres personnelles. C'est à l'occasion d'une fête rurale, il y a neuf ans, que l'on m'a demandé de dessiner sur les murs de la commune. Ça a mis en valeur l'ensemble du village et tout le monde a apprécié mes peintures. Récemment, lors d'un voyage à Paris, j'ai remarqué près des gares beaucoup de murs peints de façon misérable. Comme peintre artisanal, je tiens surtout à établir un lien social entre les habitants. Une création artistique devrait toujours s'harmoniser avec l'ambiance urbaine.

（読まれる内容について述べた文）

un	: Lorsqu'elle a vu des murs peints en Italie, Dominique voyageait avec sa famille.
deux	: Dominique a éprouvé une émotion artistique à la vue de peintures murales romaines.
trois	: Au lycée, Dominique s'intéressait surtout à l'histoire des arts et métiers.
quatre	: Avant d'entrer dans une école des Beaux-Arts, Dominique a beaucoup réfléchi.
cinq	: L'école fréquentée par Dominique n'avait pas de cours sur la peinture murale.
six	: Dominique a choisi le métier de peintre dans un atelier de construction.
sept	: Quand elle travaille sur des chantiers, Dominique ne dispose pas de temps pour une création artistique.
huit	: Dominique a pu montrer ses talents artistiques à l'occasion d'une fête rurale.
neuf	: Les murs peints près des gares parisiennes ne plaisent pas à Dominique.
dix	: Dominique pense que l'ambiance urbaine n'a pas beaucoup d'importance pour la création artistique.

(09)

解説 幼いころの家族旅行で目にした、イタリアのローマ時代の壁画に感動した少女が、美術学校に進学するも、建設会社に就職するのを余儀なくされます。しかし、小さな田舎町でのお祭りの際に描くよう頼まれた壁画が、高く評価されたという話です。最後には、都会における壁画のあり方に関する話者の意見も披瀝されています。

(1)「イタリアで壁画を見たとき、Dominique は家族旅行をしていた」という文です。本文の冒頭部分に「イタリアを家族旅行していたとき、私はローマ時代の壁画の前で美的な感動を受けた」と明言されていますから、本文の内容に一致します。

　(2) 設問(1)の解説で紹介したとおり、「古代ローマの壁画を見て、Dominique は芸術的な感動を受けた」というこの文は、本文の内容に一致します。

　(3) 本文では、Quand j'étais lycéenne, je me suis intéressée en particulier à l'histoire de l'art.「リセのとき、私はとくに芸術の歴史に興味をもった」と記されていますから、「リセのとき、Dominique は芸術と職業の歴史にとりわけ興味をもった」というこの文は、本文の内容とは一致しません。

　(4)「美術学校に入る前に、Dominique は熟考した」という文です。本文には「18歳のとき、ナンシーの美術学校を迷うことなく選んだ」と明言されていますので、本文の内容と一致しません。

　(5)「Dominique が通った学校には壁画に関する講義はなかった」という文です。本文には、Mais cette école n'offrait pas de cours de peinture murale.「しかしこの学校は壁画に関する講義を提供していなかった」と明言されていますので、本文の内容に一致します。

　(6)「Dominique は建設現場で絵を描く仕事を選んだ」という文です。本文には、「建造物の塗装の分野に入るよう助言を受け、建設現場での実習生となった」と述べられていますから、本文の内容と一致します。

　(7)「建設現場で働いているとき、Dominique には芸術的創造に使える時間はいっさいない」という意味です。本文には「長い間現場で働き、お金はずいぶん貯まったが、個人的な作品に割ける時間は1分たりともない」と述べられていますので、本文の内容に一致します。

　(8)「Dominique はある田舎のお祭りの際に、その芸術的才能を発揮できた」という文です。本文には、「9年前の小さな村落でのお祭りに際して、村の壁に絵を描くよう依頼された。その壁画が村全体を引き立て、だれもが私の絵を評価してくれた」とありますから、本文の内容に一致します。

　(9)「Dominique は、パリの国鉄の駅舎界隈で見かけた壁画が好きではない」という文です。本文では、「最近パリに上京した際に、複数の駅舎の近くに、みすぼらしく描かれた壁画を目にした」と否定的に述べられていますから、本文の内容に一致します。

　(10)「Dominique は芸術創造にとって、都会の雰囲気などはたいして重要

ではないと考えている」という文です。本文の最後に Une création artistique devrait toujours s'harmoniser avec l'ambiance urbaine.「芸術的創造というものは、つねに都会の雰囲気と調和すべきであろう」という Dominique の見解が表明されていますので、本文の内容と一致しません。

解　答　(1) ①　(2) ①　(3) ②　(4) ②　(5) ①　(6) ①　(7) ①　(8) ①
(9) ①　(10) ②

練習問題 5

・まず、Robert の話を 2 回聞いてください。
・次に、その内容について述べた文 (1) ～ (10) を 2 回通して読みます。それぞれの文が話の内容に一致する場合は解答欄の ① に、一致しない場合は ② にマークしてください。
・最後に、もう 1 回 Robert の話を聞いてください。
（メモは自由にとってかまいません）

〈CD を聞く順番〉　　㉗ ⇒ ㉗ ⇒ ㉘ ⇒ ㉘ ⇒ ㉗

（読まれるテキスト）

　En janvier 2008, quand j'avais 36 ans, mon médecin m'a appris que j'étais atteint d'un cancer inopérable du foie et qu'il ne me restait que six mois à vivre. Alors, ma femme et moi, nous avons quitté notre travail pour finir en beauté. Nous avons retiré les 130 000 euros que nous avions amassés et nous nous sommes offert une voiture de luxe que j'avais toujours voulu conduire. Nous avons acheté aussi une moto pour que ma femme puisse se déplacer facilement quand je serais parti. Avec le reste de nos économies, nous avons refait la décoration de la maison. Naturellement nous avons fait toute une série de « derniers moments ensemble » : les derniers anniversaires, le dernier Noël, etc.

 Entre-temps, j'avais perdu un peu de poids mais je ne me suis pas senti à l'agonie. Je suis donc retourné à l'hôpital pour passer de nouveaux tests. Le résultat qu'on vient de m'apprendre est ahurissant : ce qui devait être un cancer incurable était en fait un banal abcès ! Que voulez-vous que je fasse maintenant ? Je suis complètement ruiné et je n'ai pas de travail. De plus, à cause de tous les médicaments avalés pendant deux ans, mon estomac me fait tellement mal que parfois je n'arrive plus à marcher.

（読まれる内容について述べた文）

un : En 2008, à l'âge de 36 ans, Robert a appris qu'il était cancéreux.
deux : Sans attendre le diagnostic de son médecin, Robert a su qu'il n'était plus temps de se faire opérer.
trois : En apprenant qu'il ne lui restait que six mois à vivre, Robert a abandonné son travail.
quatre : Robert n'a pas touché à ses économies pour acheter la voiture.
cinq : Robert a aussi acheté une moto pour se déplacer comme il voulait.
six : Robert a tenu à conserver sa maison telle qu'elle était.
sept : Robert a un peu maigri en deux ans.
huit : En retournant à l'hôpital, Robert n'a pas eu besoin

```
          de passer de nouveaux tests.
neuf   : Robert est complètement ruiné et, de plus, il est au
         chômage.
dix    : Aujourd'hui, Robert est toujours en pleine forme.
```

(10)

解説　今回は、手術不可能な肝臓がんのため余命6ヵ月と宣告された男性が、人生の最後くらいはなばなしく生きようと決意し、夫婦ともに仕事をやめ、貯金をはたいて、妻と豪勢な暮らしを送っていたものの、どうもようすがおかしいので再検査を受けた結果、誤診だったと判明し、途方にくれてしまった、というある種の悲喜劇です。

(1)「2008年、36歳のとき、Robertはがんにかかっていると告げられた」という文です。ほぼ同内容の一文で始まっているので、本文の内容に一致しています。

(2)「Robertは医師の診断を受ける以前に、手術を受けるのは手遅れだとわかった」という文です。本文中に [...] mon médecin m'a appris que [...]「かかりつけの医師が私に教えてくれた」とありますので、本文の内容と一致しません。

(3)「余命6ヵ月だと知って、Robertは退職した」という文です。本文には、Alors, ma femme et moi, nous avons quitté notre travail pour finir en beauté.「そこで、妻と私は、人生の最後をはなばなしくやろうと思って仕事をやめた」と述べられていますから、本文の内容と一致します。

(4)「Robertは車の購入にあたって、貯金には手をつけなかった」という文です。本文には、「私たち夫婦は貯めてきた13万ユーロを銀行からおろし、ずっと以前から運転したいと思っていた高級車を買った（手に入れた）」と述べられていますから、本文の内容と一致しません。

(5)「Robertは自分が思いどおりに移動するために、オートバイも購入した」という文です。本文には、Nous avons acheté aussi une moto pour que ma femme puisse se déplacer facilement quand je serais parti.「私の死後、妻が容易に移動できるようにと、私たちはオートバイも買った」と述べられていますので、本文の内容には一致しません。

(6)「Robert は自分の家を現状のまま維持することにこだわった」という文です。本文では、「私たちは貯金の残りを使って、家の装飾をやり直した」と明言されていますので、これは本文の内容に一致しません。

(7)「Robert は 2 年間で少しやせた」という文です。本文には、「その間、私は体重を少し落としていた」とありますし、最後の 1 文を読めば、「2 年間」が正しいとわかるので、本文の内容と一致しています。

(8)「Robert は病院を再訪したが、新たに検査を受ける必要はなかった」という文です。本文では、「私は再検査を受けるために病院をまた訪れた」とあり、しかも Le résultat qu'on vient de m'apprendre est ahurissant「私に告げられた結果は仰天すべきものだった」ともありますので、本文の内容に一致しません。

(9)「Robert は完全に破産してしまったうえに、失業したままである」という文です。本文でも「私は完全に破産しているし、仕事もない」と語られていますから、本文の内容と一致します。

(10)「今日でも、相変らず Robert は健康そのものである」という文です。本文の最後には、「そのうえ、この 2 年間で飲み込みつづけた薬のせいで、胃痛がひどく、ときには歩けないほどである」と述べられています。したがって、この文は本文の内容とは一致しません。

解答 (1) ① (2) ② (3) ① (4) ② (5) ② (6) ② (7) ① (8) ②
(9) ① (10) ②

［Ⅱ］2次試験の傾向と対策

(1) **試験方法**
  (a) 試験は個人面接の形でおこなわれます。
     面接委員はフランス人1人＋日本人1人です。
     すべてフランス語で進行します。
  (b) 試験室に入室する3分前に **A**、**B** ペアの問題を渡されます。
     A、**B** どちらかの問題を選び、3分間の **exposé**（論述）をまとめます。
  (c) 入室すると面接委員が本人確認をおこないます。
  (d) 用意した論述をおこないます。
  (e) 自分が述べたことについての面接委員の質問に答えます。
  (f) 時間に余裕があれば、一般会話をおこなうことがあります。
  (g) 試験時間は入室から退室まで、全体で約9分間です。

(2) **2次試験対策**
  (a) 　3分間の論述をおこなうわけですが、3分間という時間がどんなに長い時間であるかを、一度、実感してみるとよいでしょう。時計を見ながら、3分間、じっと沈黙していてください。あるいは、何か、フランス語のテキストを3分間、声を出して読みつづけてみてください。
    　3分間という時間がいかに長いか、3分間でどれだけたくさんのことが述べられるか、あるいは、3分間話しつづけることがいかに大変であるかがわかるでしょう。

  (b) 　**A**、**B** ペアの問題を渡されるわけですが、**A** の問題のほうがむずかしいという印象をもつでしょう。一般的に言って **A** の問題のほうが本命です。むずかしいほうを選べばそれだけで評価はよくなります。ただし、論述の内容がそのレベルに達していなければなりません。**A** は無理と判断したら **B** を選びましょう。
    　つまり、1級の受験者には、時事的な問題について、自分の知識と考えをフランス語で論理的に展開する能力が要求されている、ということになります。

(c) まず、問題をよく読んで、何が問われているのかをよく考えましょう。たとえば

- **A** Êtes-vous pour ou contre la révision de la Constitution ? Expliquez votre position.
- **B** Est-ce que vous approuvez de jeunes mères qui font apprendre l'anglais à leurs enfants dès 2 ou 3 ans ?

という問題が出たとしましょう。

　このように、「～に賛成ですか、反対ですか」「～を認めますか」「～を支持しますか」式の問題が出ると、いきなり「賛成です」「反対です」と答え、その理由をひと言ふた言付け加えておしまい、という受験者がいますが、これではすぐに終わってしまい、1分ともちません。

　「まず問題をよく読む」とは、そこで何がポイントになるかを見きわめることです。

　A の憲法についての問題で見てみますと、「憲法改正に賛成ですか、反対ですか」と問われているわけですが、まず「憲法」とは何か、「改正」とは何か、がポイントになります。

　B の幼児の英語教育の問題ですが、賛成／反対の自分の意見を述べる前に、幼児に英語を学ばせようとする若い母親がいるという現実とその背景がポイントになります。

(d) 次に、それぞれの問題文から抽出したポイントについて述べるべきことを考えます。

　A 「憲法」というポイントについて、今の憲法はどのような事情のなかで制定されたのか、その特徴は何か、を説明します。「改正」というポイントについては、どのような人々が憲法の何を、どんな理由で、どのように変えようとしているのか、また、どのような人々が、どんな理由で、それに反対しているのか、を説明します。

　そのうえで、この問題に対する自分の立場を理由とともに説明します。

　以上を3分間という時間の制限内で簡潔に整然とまとめるわけです。

　B 英語教育の問題ですが、なぜ、英語を幼児のときから学ばせようとする母親がいるのか、今の日本でなぜ英語が必要とされるのか、日本人が英語をマスターすることの難易などについて述べます。そのう

えで、自分の立場を説明し、その立場をとる理由を説明します。
　憲法についても、英語教育についても、以上のようなポイントを3分間で展開することは不可能ではありません。
　ここで要求されているのは、単にフランス語の能力だけでなく、時事的な問題についての知識と見識であることがわかるでしょう。
　フランス語が使いこなせる、というのはそういうことであると理解してください。

(e)　ところが、2次面接試験の実態はどうか。例をあげて説明します。
　A　Est-ce que vous avez voté aux élections du Sénat (Sangiin) de juillet ? Que pensez-vous de cette consultation ?
　B　Des supermarchés restent ouverts de plus en plus tard dans la nuit. Qu'en pensez-vous ?
というペアの問題が準1級で出たことがあります。試験の前におこなわれた参議院選挙についての問題はむずかしい印象をあたえたのでしょう。大多数の受験者が **B** の問題を選びました。
　ところが、大多数の人は「自分はよいことだと思います。便利だからです」でおしまいでした。
　フランス人の面接委員が「あなたはフランスにいたことがありますか」と聞くと、ひじょうに多くの人が oui と答えました。そこで面接委員が「フランスではお店は日本と同じように遅くまで開いていますか」と聞くと、当然、答えは non でした。そこで面接委員が Pourquoi ? とひと言。
　ここで、答えに窮してしまう受験者が大半でした。ハッと気がついて、正社員であれアルバイトであれ、遅くまで働く人々の状況に考えがおよぶ人々は少数でした。
　これは、あたえられたテーマについてポイントを抽出し、そのポイントについて表と裏を検討し、そのうえで自分の判断を述べるという訓練ができていないことを示しています。
　スーパーが遅くまで開いているのはなぜか、経営者の立場、消費者にとっての利点、そこで働いている人々にとっても利点ばかりなのか、自分がそのような状況を進んで受け入れるか、といった問題を考えることができなければ、この問題について3分間の論述、4分間の質疑

応答は(日本語でも)できません。ましてや1級は合計9分で、質疑応答がさらに約2分も長いことを忘れないでください。

　大学入試や就職活動対策の「小論文の書き方」とか「プレゼンテーションの仕方」といった訓練が仏検の2次試験の対策にも役に立ちます。日本語でも、フランス語でも、同じ思考力、論理的構成力がためされるのです。

第2部
2011年度
問題と解説・解答

2011年度1級出題内容のあらまし

2011年度

1次［筆記］
- ① 動詞・形容詞の名詞化（全文書きかえ・記述）
- ② 多義語（穴うめ・記述）
- ③ 前置詞（穴うめ・選択）
- ④ 時事用語・常用語（穴うめ・記述）
- ⑤ 説明文（たび重なる列車の遅延で失職した女性がSNCFを相手取り起こした訴訟／動詞を選択活用・記述）
- ⑥ 説明文（都市郊外の低所得者層がその居住地域にいだく愛着／穴うめ・選択）
- ⑦ 説明文（闘牛の是非をめぐるフランスでの議論／内容一致・選択）
- ⑧ 説明文（néoruraux、すなわち子どもを連れて都会から田舎へ移住する人々の暮らし／日本語による内容要約・記述）
- ⑨ 和文仏訳（テレビドラマについてのエッセイ風の文章／記述）

［書き取り］ 説明文（障害のある女性が、航空券予約時に事情を説明していたにもかかわらず、同伴者がいないとの理由で飛行機に搭乗できなかったという話）

［聞き取り］
- ① インタビュー（動物園で働く女性生物学者へのインタビュー／穴うめ・記述）
- ② 説明文（イスラム文化圏出身のフランス人女性のために初めてウェブ・マガジンを創刊した女性の紹介文／内容一致・選択）

2次［面接］ （個人面接方式）受験者は入室3分前に渡される2つのテーマのどちらか1つを選択し、それについて考えをまとめておく。試験は、受験者が選んだテーマについて3分間のexposéをおこない、つづいてそれに関連した質疑応答を面接委員との間でおこなう。（試験時間約9分間）

2011 年度 1 級筆記試験

2011年度春季
実用フランス語技能検定試験
筆記試験問題冊子　〈 1 級 〉

問題冊子は試験開始の合図があるまで開いてはいけません。

筆 記 試 験 14 時 00 分 〜 16 時 00 分
(休憩 20 分)
書き取り
聞き取り試験 16 時 20 分から約 40 分間

◇筆記試験と書き取り・聞き取り試験の双方を受験しないと欠席になります。
◇問題冊子は表紙を含め 12 ページ、全部で 9 問題です。

注 意 事 項

1　途中退出はいっさい認めません。
2　筆記用具は**HBまたはBの黒鉛筆**(シャープペンシルも可)を用いてください。
3　解答用紙の所定欄に、**受験番号**と**氏名**が印刷されていますから、間違いがないか、**確認**してください。
4　マーク式の解答は、解答用紙の解答欄にマークしてください。例えば、3の(1)に対して③と解答する場合は、次の例のように解答欄の③にマークしてください。
5　記述式の解答の場合、正しく判読できない文字で書かれたものは採点の対象となりません。
6　解答に関係のないことを書いた答案は無効にすることがあります。
7　解答用紙を折り曲げたり、破ったり、汚したりしないように注意してください。
8　問題内容に関する質問はいっさい受けつけません。
9　不正行為者はただちに退場、それ以降および来季以後の受験資格を失うことになります。
10　携帯電話等の電子機器の電源は必ず切って、かばん等にしまってください。
11　時計のアラームは使用しないでください。

1 例にならい、次の (1) 〜 (4) のイタリック体の部分を名詞を使った表現に変え、全文をほぼ同じ内容の文に書きあらためて、解答欄に書いてください。（配点 12）

（例）： Ils *ont* catégoriquement *refusé* ma proposition.

→（解答）： Ils ont opposé un refus catégorique à ma proposition.

(1) Ce tableau *a été retouché* par divers peintres.

(2) Il s'étonne d'avoir hérité d'une somme aussi *énorme*.

(3) Le tribunal *a condamné* Alain à cinq ans de prison.

(4) Pourquoi *a*-t-on *renvoyé* Jacques ?

2

次の (1)〜(4) について、A、B の (　) 内には同じつづりの語が入ります。(　) 内に入れるのに最も適切な語 (各 1 語) を、解答欄に書いてください。
（配点　8）

(1) **A** C'est notre professeur qui a (　　) ce différend.
   B Les Français ont (　　) la tête à Louis XVI.

(2) **A** Mes enfants ne veulent pas manger des légumes (　　) en entrée.
   B Ses propos (　　) ne vous choquent-ils pas quelquefois ?

(3) **A** Mon ami Roger est innocent, il est au-dessus de tout (　　) !
   B Simone a mis un (　　) de rouge sur ses lèvres.

(4) **A** Qui pourrait (　　) notre équipe de football d'une manière intensive ?
   B Son oncle s'est laissé (　　) dans des affaires louches.

3

次の (1) ～ (4) の (   ) 内に入れるのに最も適切なものを、下の ① ～ ⑧ のなかから 1 つずつ選び、解答欄のその番号にマークしてください。ただし、同じものを複数回用いることはできません。なお、① ～ ⑧ では、文頭にくるものも小文字にしてあります。(配点　8)

(1) « Défense de fumer, (　　) peine d'amende »

(2) Les kangourous avancent (　　) bonds.

(3) Tu traceras la ligne de coupe (　　) pointillé.

(4) (　　) ce, le président est parti.

　　① contre　　② dans　　③ de　　④ en
　　⑤ par　　⑥ sous　　⑦ suivant　　⑧ sur

4

次の日本語の表現 (1) ～ (5) に対応するフランス語の表現は何ですか。(   ) 内に入れるのに最も適切な語 (各 1 語) を、解答欄に書いてください。(配点　5)

(1) 給与明細書　　　　une (　　) de paye

(2) ジェットコースター　les (　　) russes

(3) 上場企業　　　　　une entreprise (　　) en Bourse

(4) 通貨供給量　　　　la (　　) monétaire

(5) 引き分け試合　　　un match (　　)

5

次の文章を読み、(1) ～ (5) に入れるのに最も適切なものを、下の語群から1つずつ選び、必要な形にして解答欄に書いてください。ただし、同じものを複数回用いることはできません。(配点 10)

　Une jeune femme de 24 ans a assigné la SNCF en justice, affirmant avoir perdu son emploi fin mai à Lyon à cause des retards répétés de son train, a-t-on appris jeudi auprès de son avocat. Il y avait pour elle une possibilité de se voir proposer un Contrat à durée indéterminée à l'issue d'une période d'essai qui (1) à cause des retards liés aux perturbations récurrentes sur la ligne reliant Lyon à Bourg-en-Bresse, où elle habite. D'après son avocat, s'il n'y avait pas eu ces retards, elle (2) la perte de son emploi. L'avocat a assigné la SNCF pour « défaillance contractuelle » et « non-respect de l'obligation de ponctualité » devant le tribunal de grande instance de Paris.

　Fraîchement diplômée, la jeune femme (3) en avril dernier comme assistante juridique dans un cabinet d'avocats lyonnais. Or, pas moins de six retards de train, allant de 10 minutes à 1 heure 15, l'(4) pendant sa période d'essai et ont conduit son employeur à lui en notifier la rupture en ces termes : « La persistance de ces retards pendant votre période d'essai me contraint donc à prendre cette décision. »

　Demandant 45 000 euros de dommages et intérêts, l'avocat estime que sa cliente (5) « un préjudice moral et financier à la suite de cette perte d'emploi ». La SNCF n'a pas souhaité faire de commentaire.

arrêter　　　embaucher　　éviter　　　interrompre
licencier　　pénaliser　　　rompre　　subir

6 次の文章を読み、(1) ～ (5) に入れるのに最も適切なものを、右のページの①～⑧のなかから1つずつ選び、解答欄のその番号にマークしてください。なお、①～⑧では、文頭にくるものも小文字にしてあります。
（配点　10）

« Je me sens bien ici. À vrai dire, je ne me verrais pas ailleurs. » Marie-Hélène, 78 ans, le dit comme en s'excusant, consciente d'aller à l'encontre des idées reçues sur la banlieue. Elle vit depuis 45 ans dans un quartier que la politique de la ville désigne comme l'un des plus déshérités de France. Marie-Hélène n'est d'ailleurs pas la seule à dire du bien de ce quartier que (1) : l'habitat social, la concentration de situations de pauvreté, la monotonie des immeubles qui se suivent et se ressemblent.

C'est pourquoi (2) au chevet de cette cité de 9 000 âmes construite à la fin des années 1950 pour accueillir les rapatriés d'Afrique du Nord, désormais lieu de résidence d'une population précarisée, à forte minorité étrangère, engluée dans le chômage.

« Malgré ces difficultés, quand on discute avec les gens, pour rien au monde ils ne veulent quitter ce quartier ! » Yannick Abong, délégué du préfet dans le quartier, dresse ce constat et s'en étonne. (3) de celle des autres ensembles de la région. « Il n'y a pas trop de soucis sur le plan de la sécurité. C'est un quartier à forte identité, où l'on ne se contente pas de loger mais où l'on se rencontre, se connaît. Les années 1990 y ont été mouvementées. Mais depuis, (4), à l'exception d'une voiture brûlée de temps à autre. Il y a, d'ailleurs, un réseau d'associations extrêmement dense. Tous secteurs confondus, (5). Cause ou conséquence de l'attachement au quartier ? En tout cas, un cercle vertueux s'est installé », remarque le délégué du préfet.

① la municipalité se montre fière

② la situation lui semble très différente

③ la situation reste tendue

④ les choses se sont calmées

⑤ on en dénombre une centaine

⑥ tout devrait inciter à fuir

⑦ toute la politique de la ville se penche

⑧ tout le monde s'accorde à admirer

|7| 次の文章を読み、右のページの (1) ～ (6) について、文章の内容に一致する場合は解答欄の ① に、一致しない場合は ② にマークしてください。
（配点 12）

L'interdiction de la corrida en Catalogne a suscité de vives réactions en France, où la tauromachie compte de nombreux adeptes dans les régions méridionales. Importée d'Espagne, la tauromachie s'est progressivement implantée dans le sud de la France. La première véritable corrida française se serait tenue à Bayonne le 21 août 1853. Depuis, la loi a encadré et limité la pratique de la corrida.

En France, il existe une loi qui sanctionne les « actes de cruauté envers un animal domestique, ou apprivoisé, ou tenu en captivité ». Mais cette interdiction ne s'applique pas « aux courses de taureaux lorsqu'une tradition locale ininterrompue peut être invoquée ». C'est donc par leur caractère « traditionnel » que les corridas se maintiennent dans l'Hexagone. Dans le sud de la France, la corrida se porte bien et génère même des flux financiers importants. Selon la commission d'enquête sur l'argent de la corrida, « une heure et demie de prestation des meilleurs toreros est facturée jusqu'à 100 000 euros, hors droits télévisuels ». La tauromachie constitue également un attrait touristique. On arrive à rassembler jusqu'à un million de touristes lors des ferias qui, par leur caractère festif, attirent des spectateurs de plus en plus jeunes.

Mais les anti-corridas n'ont pas dit leur dernier mot. Outre les associations de protection des animaux, qui se sont immédiatement réjouies du vote catalan, certains élus souhaitent faire adopter une mesure similaire. Ainsi, une proposition de loi pour interdire les corridas et les combats de coqs en France a été co-signée par 58 élus. Les anti-corridas fondent beaucoup d'espoirs sur ce qui s'est passé en Catalogne. « Le vote catalan, en Espagne, pays de tradition tauromachique, doit inspirer le Parlement français », déclare un initiateur de cette proposition.

Cette proposition vise à supprimer, au nom des « sévices pratiqués sur les animaux », l'exception faite pour la tauromachie dans le code pénal. Il s'agit de la troisième proposition de loi de ce type depuis 2004, mais aucune n'a encore été mise à l'ordre du jour à l'Assemblée. Tradition, lobbys, et parfois le goût de certains responsables politiques pour la corrida sont invoqués pour expliquer cet échec.

(1) Depuis 2004, trois propositions de loi visant à interdire la corrida ont été soumises au vote à l'Assemblée nationale.

(2) Il n'y a pas que les associations de protection des animaux qui veulent faire interdire la corrida en France.

(3) La loi interdisant les actes de cruauté envers les animaux fait une exception pour les courses de taureaux quand il existe une tradition ancienne.

(4) Lors des ferias, on dépasse en général le million de touristes.

(5) Même sans les droits télévisuels, une heure et demie de prestation des meilleurs toreros peut rapporter jusqu'à 100 000 euros.

(6) On observe un rajeunissement du public des corridas.

8 次の文章を読み、右のページの (1)、(2) に、指示に従って**日本語**で答えてください。句読点も字数に数えます。
解答欄は解答用紙の裏面にあります。（配点 15）

De plus en plus nombreux sont les parents qui décident sciemment d'habiter hors des villes, persuadés que cet univers est porteur d'innombrables richesses pour leurs enfants. « Côtoyer la nature constitue un formidable atout pour un jeune être en construction », confirme Olivier Sancier, président de Familles-Nature. « À la campagne, un enfant a la chance de pouvoir observer des animaux de près, d'être confronté beaucoup plus fortement qu'en ville au climat, à l'alternance des routes goudronnées et des petits chemins ruraux. Autant de défis et de sources d'enrichissement pour son intelligence », poursuit-il.

Or, choisir d'éduquer un enfant à la campagne rime aussi avec une mentalité particulière des parents : ils semblent désireux de porter certaines valeurs. « Beaucoup veulent vivre autrement, ne pas se soumettre aux contraintes de la pollution, de la consommation, d'un rythme de vie acharné, cherchent à développer la solidarité et la sociabilité autour d'eux », note M. Sancier. D'après lui, ce sont souvent ces « néoruraux », venus de la ville pour s'installer en milieu rural, qui se montrent les plus dynamiques pour redonner vie à certains rendez-vous festifs parfois tombés en désuétude dans les villages : feux de la Saint-Jean, carnavals, brocantes, spectacles, etc. Ils ne sont pas là par hasard, ils aspirent à un esprit de communauté.

Là encore, de telles options de vie des néoruraux ne sont pas sans conséquences pour leurs enfants. Bien sûr, on ne peut jamais savoir à l'avance de quelle manière ces derniers se saisiront de ce qu'on tente de leur transmettre. Mais une chose est sûre : il demeurera toujours en eux quelques traces de cette enfance d'ouverture aux autres, de primauté accordée au « vivre-ensemble ». Et puis, évoluer dans un milieu familier où l'on connaît tous les voisins, où chaque hiver on déneige ensemble le petit chemin d'accès au hameau comporte un avantage non négligeable pour un enfant : la réticence moindre de ses parents à le laisser sortir seul aux alentours. À la campagne, les réflexes de surprotection sont plus faibles : un enfant est plus facilement confié à l'environnement dans la mesure où celui-ci n'est pas anonyme. Cette absence de peur permet à un enfant de conquérir son autonomie, d'avoir confiance en lui, de ne pas craindre le monde et de ne pas vivre les autres comme des dangers. Un programme plus que séduisant...

(1) Olivier Sancier 氏によれば、子どもを連れて都会から移住してきた néoruraux と呼ばれる人々の暮らし方には、どのような特徴がありますか。(35 字以内)

(2) néoruraux と呼ばれる人々の子どもたちが、田舎に暮らすことで受けうる影響について、筆者が指摘していることを 2 点 (a, b) あげてください。
(各 25 字以内。解答の順序は問いません)

9 次の文章をフランス語に訳してください。
解答欄は解答用紙の裏面にあります。(配点　20)

テレビドラマには新しいものはない。恋愛話ならば、男女が出会い、愛をはぐくみ、ライバルが登場し、困難や葛藤を経て、最後にはうまくいくか、別れる。すべてこのパターンの微調整でしかない。これを毎回違うものに見せていくことがむずかしい。

2011年度春季
実用フランス語技能検定試験

聞き取り試験問題冊子
〈 1 級 〉

書き取り・聞き取り試験時間は、
16 時 20 分から約 40 分間

先に書き取り試験をおこないます。解答用紙表面の書き取り試験注意事項をよく読んでください。書き取り試験解答欄は裏面にあります。
　この冊子は指示があるまで開かないでください。

◇筆記試験と書き取り・聞き取り試験の双方を受験しないと欠席になります。
◇問題冊子は表紙を含め 4 ページ、全部で 2 問題です。

書き取り・聞き取り試験注意事項
1　途中退出はいっさい認めません。
2　書き取り・聞き取り試験は、CD・テープでおこないます。
3　解答用紙の所定欄に、**受験番号**と**氏名**が印刷されていますから、間違いがないか、**確認**してください。
4　CD・テープの指示に従い、中を開いて、日本語の説明をよく読んでください。フランス語で書かれた部分にも目を通しておいてください。
5　解答はすべて別紙の書き取り・聞き取り試験解答用紙の解答欄に、**HB または B の黒鉛筆**（シャープペンシルも可）で記入またはマークしてください。
6　問題内容に関する質問はいっさい受けつけません。
7　**携帯電話等の電子機器の電源は必ず切って、かばん等にしまってください。**
8　時計のアラームは使用しないでください。

書き取り・聞き取り試験

（試験時間：約40分間）

書き取り試験
  注意事項
   フランス語の文章を、次の要領で3回読みます。全文を書き取ってください。
・1回目は、ふつうの速さで全文を読みます。内容をよく理解するようにしてください。
・2回目は、ポーズをおきますから、その間に書き取ってください（句読点も読みます）。
・最後にもう1回ふつうの速さで全文を読みます。
・読み終わってから3分後に聞き取り試験に移ります。
・数を書く場合は算用数字で書いてかまいません。（配点　20）

〈CDを聞く順番〉　㉙ ⇨ ㉚ ⇨ ㉙

聞き取り試験

1
- まず、Patriciaへのインタビューを聞いてください。
- 続いて、それについての6つの質問を読みます。
- もう1回、インタビューを聞いてください。
- もう1回、6つの質問を読みます。1問ごとにポーズをおきますから、その間に、答えを解答用紙の解答欄にフランス語で書いてください。
- それぞれの(　　)内に1語入ります。
- 答えを書く時間は、1問につき10秒です。
- 最後に、もう1回インタビューを聞いてください。
- 数を記入する場合は、算用数字で書いてかまいません。
(メモは自由にとってかまいません)（配点　20）

〈CDを聞く順番〉　㉛ ⇨ ㉜ ⇨ ㉛ ⇨ ㉜ ⇨ ㉛

(1) Elle est chargée de la (　　) génétique des espèces, tout en faisant les plans d'(　　) et de reproduction.

(2) Non, mais elle discute de leur (　　) avec les vétérinaires.

(3) Parce qu'il ne correspondait pas à son intérêt pour la (　　) des espèces et des milieux (　　).

(4) Il faut être (　　) et (　　).

(5) Des compétences en statistiques et en (　　).

(6) De faire beaucoup de (　　) pour apprendre le (　　) des zoos.

2
- まず、Karima に関する話を 2 回聞いてください。
- 次に、その内容について述べた文 (1) ～ (10) を 2 回通して読みます。それぞれの文が話の内容に一致する場合は解答欄の ① に、一致しない場合は ② にマークしてください。
- 最後に、もう 1 回 Karima に関する話を聞いてください。
（メモは自由にとってかまいません）（配点　10）

〈CD を聞く順番〉 ⓐ㉝ ⇨ ⓐ㉝ ⇨ ⓐ㉞ ⇨ ⓐ㉞ ⇨ ⓐ㉝

2 次 試 験

試験方法

○ 2 次試験は個人面接です。(面接時間：約 9 分)
○各自の試験開始予定時刻の 3 分前にテーマを 2 題渡します。この 3 分間に、渡された 2 題のテーマのうちいずれか 1 題について考えをまとめておいてください。
○指示に従い試験室に入室し、はじめに氏名等についてフランス語で簡単な質問がありますから、フランス語で答えてください。
○次に選択したテーマについて、3 分間、フランス語で自由に述べてください。つづいて、その内容についてフランス語で質問がありますから、フランス語で答えてください。時間の余裕があれば、一般会話をおこなうことがあります。

＊注意＊・テーマが渡されてから、辞書・参考書類を使ったり、音読したり、他の人と相談したりしないでください。
・試験室入室前に携帯電話、ポケットベル等の電源を切ってください。

2011 年度は以下の問題のうちから、試験本部が選択したものを会場でお渡ししました。

次のテーマのうち、いずれか 1 題について考えをまとめておいてください。

1.
A) Selon vous, le gouvernement japonais devra-t-il élaborer, voire changer sa politique en matière d'énergie et d'environnement ? Pourquoi et en quoi ?

B) Selon vous, le « sumo » est-il un sport ? Pourquoi ?

2.
A) On a souvent dit à l'étranger que les Japonais, frappés en 2011 par un enchaînement de catastrophes sans précédent, avaient révélé une certaine « sagesse ». Qu'en pensez-vous ?

B) Le mot japonais « kawaii » (mignon) est passé dans le vocabulaire de jeunes étrangers. Comment expliquez-vous ce phénomène ?

【パリ会場】
1.
A) Après la mort d'Oussama Ben Laden, certains éditorialistes de la presse internationale ont regretté que l'ancien leader d'Al-Quaida ne soit pas traduit devant les tribunaux. Qu'en pensez-vous ?

B) En France, presque 80% de l'électricité dépend du nucléaire. Qu'en pensez-vous ?

2.
A) D'après vous, quelles significations politiques est-ce que les Révoltes arabes (comme la révolution dite « du jasmin ») pourraient avoir pour le monde entier ?

B) Un développement durable est-il vraiment possible ? Pourquoi ?

2011年度 　1級

総評　2011年度1級の出願者は672名（うち受験者は604名）で、1次試験の合格者は75名、対実受験者の合格率は12％でした。1次試験と2次試験の両方に合格した最終合格者数は64名（1次試験免除者6名をくわえると、2次試験の受験者数は74名、欠席者7名）、対実受験者の合格率は11％となり、前年の10％よりも合格率は少し上昇しました。

　1次試験受験者全体の平均点は71点（満点は150点）で、昨年度より8点も上昇し、5年ぶりに5割弱の水準にまで回復しました。

　個別に見ていくと、筆記試験では、①の名詞構文に書きかえる問題の平均得点率は昨年度より4ポイント下がって21％でしたが、各小問の得点率も19％から22％の間におさまり、極端にできが悪かった問題はありませんでした。②の多義語に関する問題は、例年得点率がいちじるしく低くなる傾向にありますが、今年の平均得点率は20％で、昨年の19％と同程度の水準でした。とはいえ、(1) tranché の8％、(3) soupçon の1％のようにきわめて正答率の低い問題もありました。日ごろから辞書のさまざまな定義にくまなく目を通すよう心がけましょう。③の前置詞問題の得点率は、昨年度より4ポイント高くなり、36％でした。ただ、(1) sous peine の得点率が56％であったのに対し、(4)の sur ce については17％にとどまっており、問題間の得点率の開きが気になりました。④の時事用語・常用語については、平均得点率は昨年度から3ポイントあがり、16％でしたが、やはりほかの設問にくらべて得点率の低さがめだちます。とりわけ経済関連の用語に明るくない受験者が多かったようで、(1) 給与明細書 une fiche de paye、(3) 上場企業 une entreprise cotée en Bourse、(4) 通貨供給量 la masse monétaire の得点率は、順に10％、5％、2％にとどまっています。読解力の向上、豊かな表現力の獲得にもつながりますから、さまざまなタイプの文章に慣れ親しむようにしましょう。⑤の長文中の空欄に適切な動詞を活用させて入れる問題の得点率は昨年度から11ポイントも下がり、23％とあまりふるいませんでした。得点率8％ともっともできが悪かった (4) ont pénalisée については、そもそも pénaliser という語になじみがなかったのか、この動詞を選べなかった受験者が大多数を占めました。しかし、

それ以上に残念だったのは、正しい動詞を選べていても、それを適切な態、法と時制に活用させ、さらには性数一致させる段階で多くの受験者がつまずき、得点率が大きく伸び悩んだ例があったことです。(1) a été rompue、そして(3) avait été embauchée がこのケースに該当し、それぞれ得点率が12％、18％という低水準にとどまりました。条件法過去の構文という初級文法レベルの知識をふまえれば正答できる(2) aurait évité の得点率が57％であったのとは対照的です。本問では、語彙力のみならず、文脈や構文をしっかりとらえる力がためされることをあらためて浮き彫りにする結果となりました。6の長文中の空欄に文あるいは文の一部を入れる問題の得点率も昨年度から10ポイントも下がり、45％となりました。問題間の得点率にもかなりの開きがあり、(4)の得点率は76％であったのに対し、(1)と(5)の得点率が28％および27％にとどまったのは大変残念です。とくに(1)は、人々が郊外の低所得者居住地区に対していだく否定的なイメージとは反対に、郊外の住民たちは自分たちの住む地区を愛しているという課題文のテーマにかかわる重要な一節です。(1)の空欄とその直後のドゥー・ポワン以下の内容が連動していることに気づき、正答をみちびいてほしかったところです。7の選択式内容一致問題についても平均得点率は昨年度より6ポイント下がりましたが、それでも75％とまずまずのできでした。とはいえ、ほとんどの小問の得点率が7割強から9割強の高水準であったのに対し、(2) Il n'y a pas que les associations de protection des animaux qui veulent faire interdire la corrida en France. のみ36％と、できの悪さが際立ちました。おそらく ne ~ pas que「～だけではない」という部分否定の否定でつまずいたのだと考えられますが、1級受験者ならぜひとも知っておいてほしい表現です。8の和文要約については、今年度は大変できがよく、得点率は昨年度より12％上昇し、43％となりました。それでもなお、設問で求められていることからずれた答案が多く見受けられます。今回の問題では(2)で「筆者が指摘していることを2点あげてください」とあるのに、課題文の前半にある Sancier 氏の発言内容をもとにした答案が多数ありました。また、過去の公式問題集でもたびたび強調されていますが、この問題では、要点を簡潔に日本語でまとめる努力をしながら、同時にキータームについては正確に訳すことが高得点を獲得するためのポイントです。キータームが欠落した解答、あるいはあいまいな訳に終わっているものは減点対象となります。9の和文仏訳は、昨年度と同様、

得点率がきわめて低く、今年度もわずか 19％という結果に終わりました。やはり訓練不足の感がまぬがれません。

　書き取りと聞き取り1は、今回の試験で平均得点率にいちじるしい改善が見受けられたところです。書き取りについては 72％と、昨年度の 48％から 24 ポイントの大幅な上昇、聞き取り1についても 75％と、昨年度の 54％から 21 ポイントの高い伸び率がみとめられました。とはいえ、基本的な単語のつづりの誤り、アクサンの付け忘れ・向きの誤り、そして性数一致の見落とし、主語と動詞の活用の不一致といった語彙および文法レベルのケアレスミスが依然多く見受けられたのは大変残念でした。語彙については日ごろから正確なつづりを覚えるよう心がける必要があるのは言うまでもありませんが、文法レベルの誤りは、書き取り試験終了前の 3 分間を十分活用し、自分の書いた文章がフランス語として成り立つのか注意深く見直すだけでもかなり防ぐことができるでしょう。その際、ポワンの指示のあとは大文字で始めているか、アクサンの傾斜の向き（シルコンフレックスの場合ははっきりとした「屋根型」）は明確に書かれているかという点もかならず確認するようにしましょう。内容一致問題の聞き取り2については、得点率 80％と、昨年度より 8 ポイント下がってはいますが、それでもなお 1 次試験のなかで高い得点率を保つ設問であるのに変わりありません。比較的得点しやすい筆記試験7や聞き取り2のような選択式内容一致問題において、確実に正答することも 1 級合格への重要な鍵となってきます。

筆 記 試 験
解説・解答

〔1次試験・筆記〕

1　**解説**　あたえられた文のなかにあるイタリック体で示された動詞、形容詞、副詞を派生関係にある名詞に置きかえたうえで、全文をほぼ同じ意味の文に書きかえる問題です。日ごろから辞書をひく際、派生関係にある語群をまとめて覚えるようにすると豊かな語彙力が身につくでしょう。派生関係にある名詞が複数存在する場合がありますので、使い分けにも注意しながら学習してください。動詞、形容詞、副詞を名詞に書きかえる能力は、フランス語で論理的な文章を書く際に必要となります。1級レベルのフランス語学習者にはぜひとも身につけてほしい能力の1つなのですが、本問のできは例年あまりかんばしくありません。名詞への置きかえはできていても、書きかえた文が不自然であれば、減点対象となるからです。名詞をどのような構文のなかに組み込むのか、どのような動詞、前置詞と組み合わせるのが適切かという点にまで心を配った答案はごく少数です。新聞や雑誌の記事においても名詞構文はよく見受けられますので、使える構文、表現だと思われるものはそのまま覚えるようにし、より自然なフランス語の文を書くコツをつかんでください。

　(1) Ce tableau *a été retouché* par divers peintres. 「さまざまな画家によりこの絵に修正がほどこされた」という意味の文です。retoucher という動詞と派生関係にある名詞が retouche であることは簡単にわかるでしょう。問題は、どのような構文を用いるかです。ここでは主語は Divers peintres、Ce tableau、Des retouches の3つが考えられますが、主語を Divers peintres とした文、すなわち Divers peintres ont apporté des retouches à ce tableau. がもっともすっきりするでしょう。その際、Divers peintres の Divers は複数の不定形容詞なので、原則として無冠詞であることに気をつけましょう。*Des divers peintres*、*Les divers peintres* は誤りです。des retouches は une retouche でも可。動詞は apporter のほかに、effectuer、faire でも可能ですが、*ajouter*、*donner*、*mettre* は使えません。また、主語を Ce tableau とした場合の正答例としては、Ce tableau a fait l'objet de retouches de divers peintres. / Ce tableau a subi des retouches par / de

divers peintres. / Ce tableau a subi les retouches de divers peintres. が考えられます。*Ce tableau a eu... / Ce tableau a reçu...* といった解答が見受けられましたが、いずれも誤答です。最後に、Des retouches を主語とした場合の正答例は、Des retouches ont été apportées / faites à ce tableau par divers peintres. となります。また apporter を用いた文で à ce tableau を *sur ce tableau* としたものは減点の対象としました。前置詞の用い方にも注意が必要です。得点率は21%でした。

(2) Il s'étonne d'avoir hérité d'une somme aussi *énorme*.「彼はこんな大金を相続して驚いている」という文です。形容詞 énorme と派生関係にある名詞は énormité です。名詞構文にする場合、d'avoir hérité d'une somme aussi <u>énorme</u> の処理の仕方に工夫が必要です。une aussi *énorme* は l'énormité de la somme とし、la somme に関係節 dont il a hérité をつづけて、どのような「大金」なのかその性質を限定すればよいでしょう。ですから完成された文は、Il s'étonne de l'énormité de la somme dont il a hérité. となります。関係節のかわりに過去分詞を用いた文 Il s'étonne de l'énormité de la somme héritée. も正答です。また héritage「相続財産」という語を知っていれば、Il s'étonne de l'énormité de son héritage / l'héritage. とコンパクトに書きかえることもできます。Il s'étonne de は受動態 Il est étonné de / par と書きかえてもかまいません。ところで、L'énormité de la somme héritée を主語とした文、すなわち L'énormité de la sommé héritée l'a étonné / l'étonne. も、やや主語が重たい感じがしますが正答です。得点率は21%でした。

(3) Le tribunal *a condamné* Alain à cinq ans de prison.「裁判で Alain は懲役5年の判決を受けた」と意訳できます。動詞 condamner と派生関係にある名詞は condamnation です。名詞構文に変える場合、主語は Une condamnation、Alain、Le tribunal のいずれでも可能ですが、Une condamnation を主語にたてた文 Une condamnation à cinq ans de prison a été prononcée contre Alain par le tribunal. がもっともすっきりしているでしょう。能動態で Le tribunal a prononcé une condamnation à cinq ans de prison contre Alain. も可能です。いずれにしても prononcer une condamnation contre ~「~に有罪判決を下す」という表現を知っているか否かがポイントとなります。新聞でよく見かける表現であるにもかかわらず、動詞の選択に苦労したようです。Le tribunal を主語とした答案で prononcer

のかわりに *annoncer*、*décider*、*déclarer*、*dire*、*donner*、*effectuer*、*exécuter*、*imposer*、*mettre*、*ordonner*、*procéder* などじつにさまざまな動詞を用いた誤答が見受けられました。また、contre Alain を *à Alain* とした答案、une condamnation を *la condamnation* とした答案は、減点の対象としました。prononcer une condamnation という表現以外を使用した正答例としては、Le tribunal a frappé Alain d'une condamnation à cinq ans de prison. / Le tribunal a infligé à Alain une condamnation à cinq ans de prison. / Alain a été frappé par une condamnation à cinq ans de prison par le tribunal. / Alain s'est vu infliger une condamnation à cinq ans de prison par le tribunal. などが考えられます。得点率は 22％ でした。

　(4) Pourquoi a-t-on *renvoyé* Jacques ?「Jacques はどうして解雇されたのですか」という文です。動詞 renvoyer と派生関係にある名詞は renvoi です。ここでは疑問副詞 pourquoi の書きかえに工夫が必要です。理由を尋ねる文を作るのがポイントですから、もっとも簡単なのは raison を使って Quelles sont les raisons du renvoi de Jacques ? とすることでしょう。raison を単数にした文 Quelle est la raison du renvoi de Jacques ? も可能です。時制を直説法複合過去や半過去にして、Quelle a été la raison / Quelle était la raison / Quelles était les raisons / Quelles ont été les raisons du renvoi de Jacques ? も正解です。また、raison(s) のかわりに cause(s) を用いてもかまいません。あたえられた文の主語 on をそのまま利用して解答する場合、Pourquoi a-t-on décidé / effectué le renvoi de Jacques ? / Pourquoi a-t-on procédé au renvoi de Jacques ? といった文が可能です。*amener*、*annoncer*、*faire*、*réaliser* は用いることができません。ほかの正答例としては、À quoi tient le renvoi de Jacques ? / D'où vient le renvoi de Jacques ? / Par quoi le renvoi de Jacques a-t-il été motivé (causé / entraîné / provoqué) ? / Pourquoi (Pour quelle raison) le renvoi de Jacques a-t-il lieu ? / Qu'est-ce qui a motivé (causé / entraîné / justifié / provoqué) le renvoi de Jacques ? などが考えられます。得点率は 19％ でした。

　この問題全体の平均得点率は 21％ でした。

解 答　(1) Divers peintres ont apporté des retouches à ce tableau.
　　　　(2) Il s'étonne de l'énormité de la somme dont il a hérité.

(3) Une condamnation à cinq ans de prison a été prononcée contre Alain par le tribunal.
(4) Quelles sont les raisons du renvoi de Jacques ?

2 **解　説**　多義語の問題です。**A**、**B** の両方の（　　　）内に入る 1 語を考えて解答欄に記入します。文法的に可能な条件（品詞や性数など）をしぼったうえで、両方の文をことなった意味で完成させうる 1 語を探します。語彙の意味の広がりにどれだけ通じているかが問われますので、日ごろから辞書のさまざまな定義にくまなく目を通すように心がけましょう。

(1) **A**　C'est notre professeur qui a (tranché) ce différend.「このもめごとを解決したのは私たちの先生だ」という意味です。
B　Les Français ont (tranché) la tête à Louis XVI.「フランス人たちはルイ 16 世の首を斬った」という意味です。この設問では、**B** の文から空欄に「斬る」という意味の動詞が入ると推測をたて、*coupé* と解答した受験者が相当数ありましたが、それでは **A** の文が意味をなさなくなってしまいます。そのほかの誤答例としては、*trouvé*、*mis*、*fait*、*baissé*、*tenu*、*relevé*、*pris*、*tombé*、*rendu* などがありました。いずれにせよ完成された文がどのような意味になるのかよくわからなかったようで、無回答の答案もかなりありました。得点率はわずか 8％でした。

(2) **A**　Mes enfants ne veulent pas manger des légumes (crus) en entrée.「私の子どもたちは前菜に生野菜を食べたがらない」という意味です。
B　Ses propos (crus) ne vous choquent-ils pas quelquefois ?「彼（彼女）のつっけんどんな言い方にときどきびっくりしませんか」という意味です。ただし、本問の空欄には crus 以外にも、amers「苦い／辛辣な」、frais「新鮮な／はつらつとした」、froids「冷たい／冷酷な」、piquants「辛い／辛辣な」、secs「乾燥した／そっけない」、durs「固い／厳しい」、salés「塩辛い／きわどい」、sales「きたない／みだらな」、verts「緑の／厳しい」を入れることが可能ですので、これらも正答としました。ただし、答案のなかに多く見受けられた *comme*、*servis*、*vifs*、*chauds* などは、**A** の文に仮にあてはまる場合でも **B** の文には用いることができません。とはいえ、多くの別解をみとめたため、得点率は 50％ときわめて高くなりました。

(3) **A** Mon ami Roger est innocent, il est au-dessus de tout (soupçon)！
「私の友 Roger は無実だ、どんな嫌疑をかけられても超然としている」という意味です。

B Simone a mis un (soupçon) de rouge sur ses lèvres.「Simone はうっすらと口紅をぬった」という意味です。soupçon という語に「疑惑」という第一義以外に、「少量」という意味があることを知っていた受験者がきわめて少なかったようで、無回答の答案がめだちました。誤答例としては、*coup*、*couleur*、*trait*、*peu*、*point*、*ligne*、*place*、*tiré*、*touche*、*crème* などがあり、多くの受験者が **B** の文から答えをみちびきだそうとしたことがうかがわれます。得点率は極端に低く、わずか1％でした。

(4) **A** Qui pourrait (entraîner) notre équipe de football d'une manière intensive？「だれが集中的にわれわれのサッカーチームを指導してくれるだろうか」という意味です。

B Son oncle s'est laissé (entraîner) dans des affaires louches.「彼（彼女）のおじは、いかがわしい商売へ引きずり込まれた」という意味です。誤答例としては、*diriger*、*tomber*、*faire*、*passer*、*guider*、*battre*、*plonger* がありました。なにより残念だったのは、entraîner のアクサンが抜けている答案が少なからず見受けられたことです。得点率は20％でした。

この問題全体の平均得点率は20％でした。

解答 (1) tranché (2) crus (3) soupçon (4) entraîner

3 **解説** 前置詞を（　）のなかに入れて文を完成させる問題です。成句的な表現をひとつひとつ覚える地道な努力も必要ですが、同時に基本的な前置詞について、本来どのような機能をはたすのか辞書で確かめておくことも大切です。

(1) « Défense de fumer, (sous) peine d'amende »「禁煙、違反すれば罰金が課せられます」という意味になります。sous peine de ~ で「（違反すれば）～の罰を受ける条件で」という熟語表現を知っていれば容易に解答できたでしょう。ここで前置詞 sous は制約、刑罰を示す役割をはたしています。sous の同じ用法をふまえた熟語表現としては、sous condition

de ~「~の条件のもとで」、sous réserve de ~「~の留保つきで」などがあげられます。受験者になじみのある表現であったためか、得点率は56％でした。

　(2) Les kangourous avancent (par) bonds.「カンガルーは跳ねながら進む」となります。par bonds で「跳躍を繰り返して、飛躍的に」という意味の熟語表現です。類似表現として par sauts があり、par bonds et par sauts と組み合わせて用いることもしばしばです。前置詞 par は無冠詞名詞とともにさまざまな副詞句を作ります。用例もふくめて辞書でしっかり確認してください。得点率は33％でした。

　(3) Tu traceras la ligne de coupe (en) pointillé.「点線で切り取り線を引いてね」という意味です。状態・形状を示す前置詞 en の用法を問う問題です。en forme「健康な」、en panne「故障中の」、en vacances「休暇中の」などの基本的な熟語表現にもみとめられる用法ですから、ぜひともおさえておいてほしいところです。得点率は39％でした。

　(4) (Sur) ce, le président est parti.「そこで、会長は立ち去った」となります。Sur ce「そうすると、そこで」という意味の熟語表現を知っているか否かがポイントとなりますが、前置詞と中性代名詞の組み合わせが意表をついたのか、得点率は17％にとどまりました。

　この問題全体の平均得点率は36％でした。

|解　答| (1) ⑥　　(2) ⑤　　(3) ④　　(4) ⑧

4　|解　説|　時事用語や、日常生活でよく使われる用語についての知識を問う問題です。コンピューターや通信、経済・金融、政治、社会、環境など幅ひろい分野から出題されます。また、日本語をそのまま直訳しただけでは正答にならないような表現が出題される傾向にありますので、新聞、雑誌記事を読み込み、時事用語、常用語をつねにこまかくチェックするようにしてください。今回は経済・金融関係の問題が3つ出されましたが、いずれも得点率が低かったのが気になりました。

　(1)「給与明細書」は une (fiche) de paye、あるいは une (feuille) de paye と言います。fiche には「（分類・整理用の）カード」という意味、そして feuille には「書類、文書、証書」という意味があるからです。誤答例としては、*bulletin*、*facture*、*note*、*détaille*、*détail*、*attestation*、*bilan*、 *papier* などがありました。無回答の答案もかなりありました。得点率は10％でした。

　(2)「ジェットコースター」は les (montagnes) russes と言います。無回答の答案が相当数見受けられました。誤答例としては、受験者が「乗り物」というイメージにとらわれていることを強く反映した *voitures*、*trains*、*navettes*、*cargos*、*véhicules* のほか、*courses*、*fusées*、*monte*、*roulettes*、*chutes* などがありました。また、単数の *montagne* という大変残念な解答も少なくありませんでした。これは言うまでもなく、複数の定冠詞 les に注目すれば避けられたまちがいです。見直しを徹底しましょう。得点率は18％でした。

　(3)「上場企業」は une entreprise (cotée) en Bourse と言います。coter には「(株などに) 相場をつける」という意味があるからです。誤答例としては *mise*、*montée*、*enregistrée*、*listée*、*inscrité*、*haute*、*sur*、*entrée*、*registrée*、*présentée* などがありました。c*ôté*、*coté* など、惜しいつづりまちがいもかなり見受けられました。得点率は5％にとどまりました。

　(4)「通貨供給量」は la (masse) monétaire と言います。誤答には「供給」あるいは「量」という日本語のイメージにつられたものが多く、その典型的な例としては *distribution*、*quantité*、*circulation*、*fourniture*、*provision*、*demande*、*supplie*、*somme*、*fournissement*、*donnée*、*flux*、*consommation* などがあげられます。無回答の答案も相当数ありました。得点率はわずか2％でした。

　(5)「引き分け試合」は le match (nul) と言います。誤答例には *égal*、*égale*、*tiré* などがあり、ここでもやはり日本語の「引き分け」をそのままフランス語にうつし取ろうとしたようすがはっきりと見てとれます。*null* というつづりまちがいもかなりありました。得点率は44％でした。

　この問題全体の平均得点率は16％でした。

　　解答　(1) fiche / feuille　(2) montagnes　(3) cotée
　　　　　　(4) masse　　　　　(5) nul

5　**解説**　長文の内容を把握しながら、もっとも適切な意味の動詞を選び、さらにそれを正しく活用させる問題です。動詞の態・法・時制のみならず、必要に応じて過去分詞の性数一致にも注意をはらわなくてはなりません。

今回は、たび重なる列車の遅延で失職した女性がフランス国鉄を相手取り、訴訟を起こしたという話でした。

(1) 第1段落では、女性が起こした訴訟の内容が説明されています。(1) をふくむ文では、女性が訴訟を起こすにいたった経緯が具体的に語られています。まず、主節には Il y avait pour elle une possibilité de se voir proposer un Contrat à durée indéterminée à l'issue d'une période d'essai「彼女は、試用期間が終われば期間のさだめのない雇用契約を提示してもらえるかもしれなかった」とありますが、関係節は qui (1) à cause des retards liés aux perturbations récurrentes sur la ligne reliant Lyon à Bourg-en-Bresse, où elle habite.「リヨンと彼女が住んでいるブール＝アン＝ブレスを結ぶ路線でたびたびダイヤが乱れ、遅刻したためにその試用期間は（ 1 ）」とつづきます。こうした文脈から、「打ち切る」という意味の動詞 rompre を選び、受動態におけばよいとわかります。またここで問題になっているのは過去の完了した出来事ですから、時制は複合過去にします。さらに関係節の意味上の主語は、女性単数の une période d'essai ですから、過去分詞の性数一致も必要です。したがって、正解は (a été rompue) となります。かなりの受験者が rompre を選択したようですが、適切な態に変換し、かつ性数一致することをおこたった答案が多かったのは残念です。誤答として多かったのが能動態の a rompu、そして受動態ではあるものの、過去分詞の性数一致を忘れた a été rompu でした。そのほかの誤答例としては、avait été rompu、a été interrompue、a arrêté、a été licenciée などがありました。得点率は 12% でした。

(2) 前問につづく文に (2) が設けられています。この文の条件節が大過去になっていることから、主節では条件法過去を用いるのではないかと推測がたてられるでしょう。[...] s'il n'y avait pas eu ces retards,「こんなに列車の遅延がなければ、」とありますから、主節 elle (2) la perte de son emploi は、「彼女は失職を避けられただろうに」とつづければよいということになります。基本的動詞 éviter「避ける」を条件法過去に活用させて、elle (aurait évité) la perte de son emploi とすれば正解になります。多かった誤答としては、éviterait、n'aurait pas subi、a évité そして éviter のアクサンが抜けた aurait evité があげられます。文脈、および文のニュアンスの理解度よりも、むしろ基本的な語彙・文法知識を問う問題になっていますので、得点率は本問のなかではもっとも高かったものの、57%

197

どまりでした。

　(3) 第2段落では女性が雇用されてから解雇にいたるまでの出来事が時系列順に語られています。まず、(3) をふくむ文では、女性が解雇される前の出来事が語られています。Fraîchement diplômée, la jeune femme (3) en avril dernier comme assistante juridique dans un cabinet d'avocats lyonnais.「この若い女性は学位を取得したばかりで、リヨンの法律事務所に昨年4月、法律事務員として(3)」とありますので、ここでは「雇用する」という意味の動詞 embaucher を選んで受動態にします。彼女が法律事務員として雇われたのは、解雇されるよりも前の出来事ですから、法と時制は直説法大過去、しかも主語が「彼女」ですから過去分詞を性数一致させなければなりません。正解は (avait été embauchée) となります。受動態の直説法複合過去 a été embauchée と解答した受験者の数が、全体の3分の1以上を占めたのは残念です。そのほかの誤答例としては、a embauché、a été embauché、embauchée、était embauchée などがあり、大多数の受験者が embaucher を適切な態と時制に活用させるところでつまずいたようです。得点率は18％でした。

　(4) (4) をふくむ文では、解雇までの出来事が語られています。Or, pas moins de six retards de train, allant de 10 minutes à 1 heure 15, l'(4) pendant sa période d'essai et ont conduit son employeur à lui en notifier la rupture en ces termes「ところが、列車の遅延は6回以上、その遅れは10分から1時間15分におよんだので、彼女は試用期間中に(4)、雇用者は、次のような文言をもって彼女に試用期間の中止を通達することとなった」となります。文脈から判断して英語由来の動詞 pénaliser「罰則をあたえる」を選択し、ont conduit と同じ直説法複合過去に活用させます。さらに過去分詞 pénalisé をこの動詞の直接補語 l'、すなわち la「彼女を」と性数一致させて (ont pénalisée) と記しましょう。主語が pas moins de six retards de train であることが見抜けず、したがって pénaliser を選ぶところでつまずいた受験者が多かったようで、誤答例としては、ont interrompue、ont interrompu、avait interrompue、ont arrêtée、ayant licencié などがありました。pénaliser を選んだうえで多かった誤答としては過去分詞の性数一致を忘れた ont pénalisé、助動詞の活用をあやまった a pénalisée がありました。驚くべきことに、(4) の前の l' を定冠詞と勘ちがいしたのか interromption、arrêt と名詞にした答案もありました。

198

あまりなじみのない語だったのか、得点率は8％にとどまりました。

(5) 最終段落では、解雇された女性の訴状と賠償額、フランス国鉄の反応が記されています。まず、（ 5 ）をふくむ文では、解雇された女性の訴状と賠償額が示されます。Demandant 45 000 euros de dommages et intérêts, l'avocat estime que sa cliente (5) « un préjudice moral et financier à la suite de cette perte d'emploi ».「弁護人は、依頼人が『この失職が原因で精神的苦痛と経済的損失を』（ 5 ）とし、45 000 ユーロの損害賠償を請求している」となります。文脈からみて、動詞は「こうむる」という意味の subir を選びます。また、現在に結果をおよぼす完了としての過去と解せますから、直説法複合過去に活用して (a subi) とすれば正解になります。subir をしかるべき法と時制に活用させるところでつまずいた受験者が多く、誤答例としては subira、subit、subisse、subirait、a subit、ait subi などがありました。a été pénalisée とした答案もかなりありました。得点率は23％でした。

この問題全体の平均得点率は23％でした。

解答 (1) a été rompue　　(2) aurait évité　　(3) avait été embauchée
(4) ont pénalisée　　(5) a subi

6 **解説**　文章の流れを追いながら、5つの空欄に入れるのに適切な文の一部を8つの選択肢のなかから選び、文章を完成させる問題です。話題の展開を確実に把握しないと正解にはたどりつけませんので、日ごろからさまざまなジャンルの文章にふれ、その論理構成をしっかりとらえる訓練を積んでください。今回は、フランスで都市郊外の恵まれない地域に住む人々が、その居住地区に対していだく愛着の念が主題でした。都市郊外に対する紋切り型の反応にとらわれず、注意深く文章を読み進める必要があります。

(1) 郊外に住む老婦人 Marie-Hélène の発言、「ここが居心地がいいのよ。本当に、ほかのところにいる私なんて想像がつかないわ」から文章が始まっています。彼女の発言に示されるような、都市郊外に対する紋切り型のイメージと住民がいだく居住地区への愛着とのコントラストが、第1段落の基調をなしています。そして、（ 1 ）に入れるのに適切な選択肢を選

ぶためにも、このコントラストを意識する必要があります。まず、（　1　）をふくむ文の主節には、Marie-Hélène n'est d'ailleurs pas la seule à dire du bien de ce quartier「そもそもこの地区を評価するのは Marie-Hélène だけではない」とあります。そして、（　1　）の直後、ドゥー・ポワン以下に目を落とすと、l'habitat social, la concentration de situations de pauvreté, la monotonie des immeubles qui se suivent et se ressemblent.「社会的な居住条件（の悪さ）、低所得者の集中、連綿と連なる無表情な建物群がおりなす単調さ」とつづいています。前後関係をどのようにとらえるかで⑥か⑧で迷うかもしれませんが、ドゥー・ポワン以下の記述は、一般にそれよりも前に語られている内容を敷衍することに気づけば、もっとも適切な選択肢は⑥だとわかるでしょう。つまり、ce quartier que (tout devrait inciter à fuir)「とにかく逃げ出したくなるような地域」となります。得点率は 28％ でした。

　(2)（　2　）の直前に C'est pourquoi「そのため」とありますから、空欄をふくむ文は郊外の住環境の劣悪さを記した第 1 段落最後の部分を受けて展開されていると予測がつきます。そのように考えると、（　2　）に入りそうなのは③か⑦にしぼられるでしょう。さて、ここからは語彙力がためされます。空欄の直後の au chevet de「〜の枕元で」という表現は、まず病人につきっきりで看病するイメージを、そしてそこから転じて、何か深刻な問題を抱えている人、ものに神経を集中させている様子をあらわすのにも用います。ですから、この表現との組み合わせとしてよりふさわしいのは、⑦になります。C'est pourquoi (toute la politique de la ville se penche) au chevet de cette cité de 9 000 âmes construite à la fin des années 1950 pour accueillir les rapatriés d'Afrique du Nord, désormais lieu de résidence d'une population précarisée, à forte minorité étrangère, engluée dans le chômage.「そのため、行政は、あたかも病人を世話するかのように、9 000 人が住むこの集合住宅地区に全神経を集中させている。当該集合住宅地区は北アフリカからの復員を受け入れるために 1950 年代末に建設されたが、以降、外国人の少数民族も数多く集まり、失業から抜け出せずに不安定な生活をおくる人々の居住地となっているからだ」となるわけです。得点率は 37％ でした。

　(3) 第 3 段落は行政側の担当者 Yannick Abong 氏による郊外の集合住宅地区の状況説明が中心に展開されます。まず、さまざまな問題をかかえた

地域であるにもかかわらず、郊外の住民が自分たちの住む地区を離れたがらないことにAbong氏は驚きを示した、とあります。ここで、（ 3 ）の直後の表現 de celle des autres ensembles de la région に注目してみましょう。選択肢のなかで、前置詞 de を直後にともなうことができるのは①か②です。さらに指示代名詞 celle が指すものは（ 3 ）のなかに入っているはずです。①の la municipalité を指しているのか、②の la situation を指しているのか、両者を空欄にあてはめてみてよりふさわしいのは、②(La situation lui semble très différente) de celle des autres ensembles de la région.「状況は同地域の他の場所とはずいぶんことなっていると彼は思った」となります。得点率は55％でした。

(4) 引きつづいてAbong氏の発言が引用されます。まず、一般に流布しているイメージとはちがい、郊外の低所得者層居住地域は、治安の面でも問題がなく、住民どうしはみな知り合いで、帰属意識が高いと説明されます。ただし、「1990年代は波乱に富んだ時期だった」とみとめたあと、Abong氏は Mais depuis, （ 4 ）, à l'exception d'une voiture brûlée de temps à autre.「しかしそれ以降、ときおり自動車が燃やされるのをのぞいては、（ 4 ）」と述べています。空欄には④ les choses se sont calmées「事態は沈静化した」を入れるとうまくつながります。比較的取り組みやすかったようで、得点率は76％となりました。

(5) Abong氏による説明はさらにつづきます。郊外の居住地区の長所として、Il y a, d'ailleurs, un réseau d'associations extrêmement dense.「さらにきわめて緊密な協力関係のネットワークが存在している」ことがあげられます。そしてTous secteurs confondus, （ 5 ）.「すべての分野を合わせると、（ 5 ）」とつづきます。残った選択肢を空欄にあてはめてみると、⑤ on en dénombre une centaine「その数は100ほどにものぼる」が正解とわかります。中性代名詞 en が associations を受けることになかなか気づかなかったのか、得点率は27％にとどまりました。

この問題全体の平均得点率は45％でした。

解　答　(1) ⑥　　(2) ⑦　　(3) ②　　(4) ④　　(5) ⑤

7　**解　説**　長文を読み、そのあとに示される6つの設問の内容が本文の内容に一致しているかどうか判断する問題です。限られた時間でまとまった

201

長さの文を読みこなす力がためされます。6つの設問に先に目を通しておくと、効率的に論旨をとらえられるでしょう。その際、設問文が文章の論理展開の順ではなく、アルファベ順に並べられていることに気をつけてください。今回は、フランスで闘牛の是非をめぐって展開されてきた議論についての解説文が取り上げられました。

(1) 設問文では「2004 年以降、闘牛禁止を目的とした 3 つの法令案がフランス国民議会で投票にかけられた」と述べられています。しかし、本文の第 4 段落では、2004 年以降、3 つの闘牛禁止法令案が提出されたが、そのいずれもフランス国民議会で審議されたことはない、とされています。したがって、本文の内容とは一致しません。得点率は 79％でした。

(2) 一見やさしそうに見えて手ごわい文です。Il n'y a pas que... という表現に気をつけてください。「…だけというわけはない」という部分否定の否定です。ですから、この文は「フランスでの闘牛禁止を願っているのは動物愛護団体だけというわけではない」という意味になります。第 3 段落の前半には、動物愛護団体だけでなく、一部の国会議員もカタロニアと同じように闘牛を禁止させたいと願っているとありますから、設問文は本文の内容に一致しています。得点率は 36％でした。

(3) 第 2 段落前半部分には、フランスでは、地方で脈々とつづく伝統にのっとったものである場合、闘牛は動物虐待禁止法適用対象外とされるとありますから、この (3) の文は本文の内容に一致します。本文の内容を素直にうつし取った設問文ですから、比較的取り組みやすかったようで、得点率は 88％という高水準になりました。

(4) おなじく第 2 段落最後の文では、闘牛のおこなわれる祭りの日には、集まる観光客の数は 100 万人にのぼる、とされています。ところが (4) の文では、祭りの日に集まる観光客の数は「一般的に 100 万人を超える」とされていますので、これは本文の内容に一致しません。得点率は 73％でした。

(5)「もっともすぐれた闘牛士たちによる、1 時間半の演技料は、放映権をのぞいても 10 万ユーロにまでのぼることがある」というこの文は、やはり第 2 段落後半の内容と一致しています。本文の内容との対応関係がとらえやすかったようで、得点率は 93％にのぼりました。

(6) 第 2 段落最後の文に、闘牛がおこなわれる祭りの日には、「その祝祭的性格ゆえにますます若い世代の人々が集まる」とあります。ですから

「闘牛の観客の若年齢化がみとめられる」という(6)の文は、本文の内容に一致します。得点率は78％でした。

この問題全体の平均得点率は75％でした。

解答 (1) ②　(2) ①　(3) ①　(4) ②　(5) ①　(6) ①

8　**解説**　長文を読み、そのポイントを日本語で要約する問題です。ただ文章の一部を和訳するだけでは得点につながりません。文章全体の論旨をしっかりと把握し、キーワードをおさえながら自分の言葉で内容をまとめなければなりません。したがって、日ごろから抽象度の高い文章を読みながら、確実に論理展開をとらえる訓練をすると同時に、フランス語と日本語、両方の表現力をつちかう必要があります。今回は、néoruraux、すなわち子どもとともに都会を離れて田舎に移り住む人々の生活がテーマでした。

(1) néoruraux と呼ばれる人々の暮らし方の特徴について、Oliver Sancier 氏がどのようにとらえているか説明するには、第2段落をたんねんに読み込む必要があります。第2段落3行目に Beaucoup veulent vivre autrement「(néoruraux と呼ばれる人々の) 多くは、ことなった生き方を望んでいる」とあり、以降、彼らの新生活の特徴があげられます。まず、汚染や消費経済、ハードな生活リズムにしばられることを望まず、まわりの人々と連帯し、社交的な生活を求めています。そしてたいていの場合、すたれつつある村の伝統行事の活性化にきわめて積極的な姿勢を示します。つまるところ、彼らはただ偶然そこにいるのではなく、共同体の精神を渇望している、というのです。以上の内容を、重要なポイントをしぼって要約するとよいでしょう。ポイントは、ひと言で述べるならば、「共同体の精神を求めている」ということですが、より具体的な特徴としては、(a) 人との連帯、社交的な生活を求めている、すなわち、人とのつきあいを大事にすること、(b) 伝統行事に積極的に参加すること、と言えるでしょう。得点率は42％でした。

(2) néoruraux と呼ばれる人々の子どもたちが、田舎に暮らすことで受ける影響について筆者が説明しているのは第3段落においてですから、この段落の内容を要約する必要があります。筆者はまず、Bien sûr, on ne peut jamais savoir à l'avance de quelle manière ces derniers se saisiront

de ce qu'on tente de leur transmettre.「もちろん、子どもたちに伝えようとしていることが、彼らにどう継承されるかは予測できない」といったん譲歩してみせたあとで、それでも、子どもたちが他者に対して開放的な心をもち、「共生」をなによりも大切にすることを忘れないのは確かだと主張しています。これが1つ目の特徴と言えるでしょう。第3段落の展開をつづけて見ていきましょう。まず筆者は、ご近所どうし知り合いという環境では、おとなは子どもを1人で外出させるのをためらわなくなるとしています。また、田舎ではおとなが反射的に過保護になる傾向が少ないので、子どもは知らない土地でないかぎり、自分が身を置く環境により安心感をいだきやすくなるとされます。このように恐れを知らない子どもは、自立心を獲得し、自信をもち、外界を恐れず、また他者を危険視しなくなると結ばれています。以上の内容のポイントをまとめると、2つ目の特徴は、自立心と自信をもち、外界や他者を恐れなくなること、となります。「筆者が指摘していること」ではなく、Olivier Sancier 氏が指摘していることをあげようと、第1段落の内容を要約した答案が少なからず見受けられたのは残念です。解答順は問いませんが、得点率については、a、bの順に記すと45％、42％でした。

この問題全体の平均得点率は43％でした。

解答例 (1) 人とのつきあいを大事にし、伝統の催しなどに積極的に参加する。(30字)
(2) (a) 他者と共生しうる開放的な感性がつちかわれる。(22字)
(b) 自信と自立心に満ち、他者や外界を恐れなくなる。(23字)

9 **解説** 和文仏訳の問題です。ただ「タテのものをヨコにする」調子で逐語訳しても「自然なフランス語」の文章にはなりません。日本語の文章の意味をよく理解し、それをフランス語特有の表現や文体を使いこなして作文する力が求められます。その際、大胆な発想転換をおこなわなくてはならない場合もあることを念頭に置いて日ごろの訓練をおこなってください。「自然なフランス語」の文章を書く能力を養うには、和文仏訳の問題を数多くこなすのも必要ですが、1の解説でも述べたとおり、新聞や雑誌

を読んでいて、使えそうだと思う表現に遭遇したら、それをそのまま覚えてしまうのも作文力向上のために大変有効な手段だと思われます。

　今回は、テレビドラマについてのエッセイ風の文章です。冒頭の文からかなり苦戦したようすがはっきりと見てとれました。まず、「テレビドラマ」は les feuilletons télévisés ですが、この言葉を知らない受験者が多かったようで、大半は drame、drama としていました。また、「新しいものはない」は Il n'y a rien de nouveau あるいは Il n'y a rien de neuf ですが、このように記した答案はほぼ皆無でした。2つ目の文にも逐語訳的発想では乗り切ることのできないさまざまな難関があります。「恋愛話ならば」は「恋愛話の場合」と考えて、Dans le cas des histoires d'amour / Pour les cas des histoires d'amour / Pour une histoire d'amour あるいは S'agissant d'une histoire d'amour / S'agissant d'histoire d'amour とします。受験者は「愛をはぐくみ」の「はぐくむ」をどのようにフランス語で表現するのか悩んだようですが、ここは少し発想を変えて主語を「愛」にしてしまい、「増大する」という意味の自動詞 grandir を用いて、leur amour grandit とするとよいでしょう。あるいは、「愛し合うようになる」ととらえて Ils s'aiment / Ils commencent à s'aimer としてもかまいません。この一節を ils élèvent leur amour とした答案が多数見受けられましたが、このような表現はフランス語には存在しません。つづく「ライバルが登場し」は un(e) rival(e) entre en scène とします。「ライバル」を un adversaire、un concurrent とした答案が多かったのですが、これらの語には「競争相手」という意味はあっても「恋敵」という意味はありません。「困難や葛藤を経て」の「経る」は「経験する」という意味の動詞 traverser を使い、ils traversent (des) difficultés et (des) conflits とします。traverser のかわりに passer par を用いることも可能です。つづく「最後にはうまくいくか、別れる」という一節もなかなかむずかしかったようです。「うまくいく」は「和解する」「理解し合う」と考え、「最後にはうまくいく」は、à la fin, ils se réconcilient / ils s'entendent bien とします。あるいは、à la fin, ça (cela) marche bien entre eux / tout s'arrange / tout va bien (entre eux) としてもよいでしょう。「別れる」は ils se séparent とします。ところでこの「最後にはうまくいくか、別れる」という一節を訳すにあたり、主語を le couple とした答案が散見されました。たしかに日本語では「カップルが別れる」と言いますが、フランス語では、恋人たちは結ばれていてはじめて le couple と呼ぶことができます。ですから、*le couple se sépare* という文は、フランス語では成立しません。こうした日本語とフランス語の発想のちがいにも十分注意しながら日ごろの訓練を積んでください。さて第3文、「すべてこのパターンの微調整でしかない」はどのように表わせばよいでしょうか。「パターンの微調整」が一番悩むところでしょうが、「きまった形の変型体」と考え、quelques variantes à ce schéma とするとよいでしょう。ce schéma は cette trame / ce modèle / ce type / ce canevas、そして variantes は modifications minimes / variations infimes / changements mineurs と置きかえてもかまいません。また「でしかない」の訳ですが、ここも発想を変えて「恋愛話は～を示すだけだ」と見なし、Elles [Les histoires d'amour] ne présente que とすればよいでしょう。ですから完成された文は Elles ne présentent toutes que quelques variantes à ce schéma. となります。さて、最後の文、「これを毎回違うものに見せていくことがむずかしい」をフランス語らしい文に訳すにあたっては、かなり足りない要素をおぎなわなくてはいけません。とくに「毎回違うものに見せていく」がむずかしいところです。これは「視聴者に何か違うものを見ているかのような印象をあたえる」ということですから、donner à chaque fois au spectateur l'impression qu'il voit quelque chose de différent とします。この文を安易に *Il est difficile de montrer que ce sont des mêmes histoires / Il est difficile de montrer chaque fois les histoires différentes* とした答案、あるいはこれに類する答案が多かったのは残念です。

　平均得点率は19％と昨年度に引きつづききわめて低い得点率になりました。上に記した誤答例からも明らかなように、日本語をそのままフランス語にうつしただけの答案が多く、その結果、なかなか得点に結びついていないのをよく表わしている数字です。

　解　答　Il n'y a rien de nouveau dans les feuilletons télévisés. Dans le cas des histoires d'amour, un homme et une femme se rencontrent, leur amour grandit, un(e) rival(e) entre en scène, ils traversent difficultés et conflits et à la fin, ils se réconcilient ou ils se séparent. Elles ne présentent toutes que quelques variantes à ce schéma. La difficulté est donc de donner à chaque fois au spectateur l'impression qu'il voit quelque chose de différent.

書き取り・聞き取り試験
解説・解答

〔1 次試験・書き取り〕

解説 書き取り試験では、音を正確に聞き取って適切な単語や表現に結びつけ（聴取レベル）、その音を正確につづり（単語レベル）、さらに文法的に正確な文として組み立てる（統辞レベル）必要があります。とくに、語末の子音、複数の s など発音されない部分を書き足さねばなりません。そのほか、性数一致、動詞の活用などにも注意をはらうよう努めましょう。

今回は、障害のある女性が航空券予約時に自分の身体状況について説明していたにもかかわらず、同伴者がいないとの理由から空港で搭乗を断られたという話です。

（聴取レベル）今回、書き取り試験は全体的によくできていましたが、それでも聴取レベルで多くの受験者がつまずいたところが 4 箇所ありました。まず、冒頭の Ma tante を *Ma tente* とした解答がかなりありました。それでは「障害がある 60 歳の私のテントは…」となり、なんともおかしなことになってしまいます。tante と *tente* はたしかに発音は同じですが、このような場合、いずれの単語がより適切なのか、文脈から冷静に判断する必要があります。次に、accès à un vol を *accès à en* vol とした答案も相当数見受けられました。たしかに音だけで en と un を聞きわけるのはむずかしいでしょうが、そもそも à en と前置詞が連続することはないと気づけば防げたまちがいだと言えます。さらに、驚くほど多くの受験者が son état physique を *son métaphysique* としていました。そもそも、*métaphysique* は女性名詞ですから、son と組み合わせて使われることはありませんし、航空券を予約しようとする人が、代理店で「哲学」について談義するというのも、唐突かつ奇異であると気づいてほしかったと思います。最後に、que l'agent de réservation avait bien noté の que を聞き逃がした答案も少なからず見受けられました。例年、que を聞き逃がすミスは、1 級受験者レベルでもおかしやすいものの 1 つになっていますので気をつけてください。

（単語レベル）冒頭の Ma tante, handicapée et âgée de 60 ans という一節は、handicapée によぶんな p がくわわって *handicappée* となっていたり、

âgée のアクサン・シルコンフレックスが抜けて *agée* となっていたりとつづりまちがいがめだった箇所です。基本的な単語での誤答がめだったのも残念です。à l'aéroport はその典型的な例です。a*e*roport、a*è*roport などじつに多様なつづりまちがいがみとめられました。また、これも基本的な形容詞の女性形 gentille について、多くの受験者が *gentile* としていたのも残念でした。アクサンが抜けている誤答としては、se déplacer を *se deplacer*、à l'équipage を *à l'equipage*、au cas où を *au cas ou* としたものがあげられます。さらに、発音されない語末の子音に関する誤答例としては、refus の s が抜けたもの、*refu* としたものがあげられます。そして先ほど聴取レベルの問題でも取り上げた son état physique については、physique を *phisique* とした誤答がめだちました。embarquement を *enbarquement* とした答案も少なからず見受けられました。音を聞き取り、どの単語かわかっても、つづりをまちがえては得点につながりません。基本的なことですが、日ごろからひとつひとつの単語を正確に覚えるように心がけてください。

（統辞レベル）まず性数一致を忘れた誤答としては、単語レベルでも言及した一節、Ma tante, handicapée et âgée de 60 ans を *Ma tante, handicapé et âgé de 60 ans* とした例や Ma tante a été obligée の obligée を *obligé* とした例、qu'elle ne se déplacer seule の seule を *seul* とした例があげられます。これらはいずれも見直しの時間を十分に活用すれば防げるミスです。次に動詞の活用については、まず多くの受験者がつまずいたのは personne ne l'accompagnait という一節です。*personne l'a accompagnée / l'accompagné / l'accompagnée / l'acompagnait* など、動詞 accompagner のつづりまちがいもふくめ、じつに多様な誤答例がみとめられました。また、l'agent de réservation avait bien noté の大過去を複合過去で *a bien noté* とした誤答などもありましたが、もっとも受験者が頭を悩ませたと思われるのが Ce qui la fâche という表現です。*Ce qui la fache、Ce qui l'a fâche、Ce qui l'a fâché、Ce qui la face、Ce qui l'a fache、Ce qui l'a fachée、Ce qui l'a faché* など、動詞 fâcher のつづりまちがい、時制のあやまり、性数一致のまちがいなどさまざまな要素がからみ合い、ここに書きつくすことができないほど多くの誤答例が確認され、この書き取り試験のなかで一番できが悪い箇所でした。

　書き取り問題全体の平均得点率は 72% でした。

2011 年度 1 級書き取り・聞き取り試験　解説・解答

解答　Ma tante, handicapée et âgée de 60 ans, s'est vu interdire l'accès à un vol à l'aéroport. Le problème est que personne ne l'accompagnait et qu'elle ne pouvait pas se déplacer seule. Parmi les passagers, une infirmière très gentille a proposé à l'équipage de s'occuper de ma tante au cas où. Mais le refus a été formel et ma tante a été obligée de renoncer à son voyage. Ce qui la fâche surtout, c'est qu'elle avait bien parlé de son état physique au moment de réserver son billet et que l'agent de réservation avait bien noté sa déclaration. Et malgré tout, la compagnie a refusé son embarquement au dernier moment.

〔聞き取り試験〕

1

(1) Elle est chargée de la (　　) génétique des espèces, tout en faisant les plans d'(　　) et de reproduction.
(2) Non, mais elle discute de leur (　　) avec les vétérinaires.
(3) Parce qu'il ne correspondait pas à son intérêt pour la (　　) des espèces et des milieux (　　).
(4) Il faut être (　　) et (　　).
(5) Des compétences en statistiques et en (　　).
(6) De faire beaucoup de (　　) pour apprendre le (　　) des zoos.

(読まれるテキスト)

Le journaliste : Patricia, vous travaillez comme biologiste en zoo. Mais que faites-vous exactement ?
Patricia : Je m'occupe de la gestion génétique des espèces et je fais les plans d'élevage et de reproduction.
Le journaliste : Vous soignez les animaux aussi ?
Patricia : Non. Il y a des vétérinaires pour ça. Mais je discute avec eux de l'alimentation des animaux.

209

Le journaliste : Vous n'avez jamais voulu devenir vétérinaire ?

Patricia : Si. Mais le métier de biologiste correspondait plus à mes attentes. Je m'intéressais à la conservation des espèces et des milieux naturels.

Le journaliste : Quelles sont les qualités nécessaires dans votre métier ?

Patricia : Il faut être très disponible. Car les animaux sont là tout le temps. Puis avoir une grande curiosité. Car nous avons toujours de nouvelles techniques à apprendre.

Le journaliste : Et pour les connaissances scientifiques ?

Patricia : La biologie, bien sûr. Mais il faut être compétent aussi en statistiques et en informatique.

Le journaliste : Un mot pour les personnes intéressées par le métier de biologiste en zoo ?

Patricia : Il vaut mieux faire beaucoup de stages. Cela permet d'apprendre le fonctionnement de différents zoos.

(読まれる質問)

un : En quoi consiste le travail de Patricia au zoo ?
deux : Patricia soigne-t-elle aussi les animaux ?
trois : Pourquoi Patricia n'a-t-elle pas choisi le métier de

vétérinaire ?
quatre : D'après Patricia, comment faut-il être pour être biologiste en zoo ?
cinq : D'après Patricia, en dehors de la biologie, quelles sont les compétences scientifiques nécessaires à son métier ?
six : Qu'est-ce que Patricia conseille aux personnes qui veulent devenir biologiste en zoo ?

解説 最近の傾向として、聞き取り①には、インタビューが出題されることが多いようです。そのインタビューを聞いて、5つないし6つの設問に答える問題です。記述式ですので、つづりや性数などに気をつけなくてはいけません。また、(4)のように、読まれるテキストにある語をそのまま用いるのではなく、解答文にふさわしい品詞や別の語に書きかえる必要のある場合もありますので、聴解力のみならず語彙力も問われるということを肝に銘じておいてください。今回は動物園で働く生物学者へのインタビューです。

(1)「動物園での Patricia の仕事はどのようなものですか」という質問です。インタビューのなかで Patricia は、Je m'occupe de la gestion génétique des espèces et je fais les plans d'élevage et de reproduction.「私は種の遺伝子管理をするとともに、飼育と生殖の計画をたてています」と述べていますから、空欄には順にそのまま gestion、élevage を入れます。誤答の代表的なものとしては、gestion を *géstion*、élevage を *évage*、*élvage*、*élévage* としたもの、また単数形ではなく複数形にした *élevages* がありました。得点率は順に 84％、60％でした。

(2)「Patricia は動物の治療もしますか」という質問です。インタビューのなかで彼女は、Non. Il y a des vétérinaires pour ça. Mais je discute avec eux de l'alimentation des animaux.「いいえ。それは獣医がしています。けれども、動物のえさについては獣医と相談します」と答えていますから、空欄には alimentation を入れます。そのほか、nutrition、nourriture、régime、diète も正答としました。誤答例として多かったのが複数形の

alimentations です。得点率は 79％ でした。

(3)「なぜ Patricia は獣医の仕事を選ばなかったのですか」という質問です。インタビューのなかで彼女は、[...] le métier de biologiste correspondait plus à mes attentes. Je m'intéressais à la conservation des espèces et des milieux naturels.「(…) 生物学者の仕事のほうが私の希望に合っていたのです。私は種と自然環境の保護に関心があったのです」と答えていますので、空欄には順に conservation、naturels を入れます。conservation のかわりに、protection、préservation も正答としました。milieux が女性名詞か男性名詞かわからなかったのでしょうか、*naturelles* とした答案がひじょうに多かったのが気になりました。得点率は順に 89％、72％ でした。

(4)「Patricia によると、動物園の生物学者になるためにはどのような性格が求められますか」という質問です。インタビューのなかで彼女は、Il faut être très disponible. Car les animaux sont là tout le temps. Puis avoir une grande curiosité. Car nous avons toujours de nouvelles techniques à apprendre.「いつでも時間をやりくりできなければいけません。動物たちはいつもそこにいるからです。それから強い好奇心をもつことです。つねに新しい技術を学ばなければならないからです」と述べています。1つ目の空欄には disponible をそのまま入れればよいわけですが、2つ目の空欄には少し工夫が必要です。インタビューでは curiosité と名詞が用いられていましたが、これを形容詞 curieux（あるいは curieuse）とする必要があります。答案には、そのまま *curiosité* を記入したものもありましたが、それでは意味が通りません。また disponible のかわりに libre を用いることもできません。解答の順序は問いませんが、得点率は順に記すと 80％、93％ でした。

(5)「Patricia によれば、生物学以外で彼女のついている仕事に必要な専門知識は何ですか」という質問です。インタビューのなかで彼女は、[...] il faut être compétent aussi en statistiques et en informatique.「統計学と情報処理についての知識も必要です」と述べていますから、空欄には informatique を入れます。*informatiques* と複数形にした答案がひじょうに多かったのが影響し、得点率はふるわず 51％ にとどまりました。

(6)「動物園の生物学者になりたいと思っている人々に Patricia はどのようなアドバイスをしていますか」という質問です。インタビューのなかで彼女は、Il vaut mieux faire beaucoup de stages. Cela permet d'apprendre le fonctionnement de différents zoos.「たくさん研修を積んだほうがよいでしょう。そうすれば、さまざまな動物園の機能を学ぶことができます」と述べていますから、空欄には stages、fonctionnement を入れます。誤答例としては単数形の *stage* が多く見受けられました。得点率は順に 69%、76% でした。

この問題全体の平均得点率は 75% でした。

[解答] (1) (gestion) (élevage)　(2) (alimentation)
(3) (conservation) (naturels)
(4) (disponible) (curieux / curieuse)（解答の順序は問わない）
(5) (informatique)　(6) (stages) (fonctionnement)

2

（読まれるテキスト）

En mai 2007, Karima a créé le premier magazine électronique féminin, dédié aux femmes françaises de culture musulmane. À l'origine de cette création il y a eu un constat : en France on parlait beaucoup des femmes musulmanes par exemple au cours du débat sur la légalité du port du voile intégral islamique, mais les journalistes ne sont jamais venus les interroger. Karima s'est donc demandé s'il ne faudrait pas prendre la parole. C'est ainsi qu'elle a décidé de créer ce magazine.

Sur son site, on peut parler de tout. Mais ce qui intéresse le plus Karima, c'est le témoignage des gens. Pour cela, elle tire profit des facilités que lui offre Internet : les lectrices peuvent ainsi laisser des commentaires, répondre aux appels à témoins, et même écrire des articles elles-mêmes. Plusieurs lectrices sont de cette façon devenues des collaboratrices du magazine.

Si Karima porte le voile intégral, cela ne veut pas dire que ses collaboratrices doivent toutes être voilées aussi. Il y en a qui ne sont pas pratiquantes ; on compte même des athées. Aucune femme n'est exclue en raison de sa religion. Car Karima tient à faire comprendre que les femmes françaises de culture musulmane sont toutes différentes comme tout le monde.

(読まれる内容について述べた文)

un : C'est au mois de mars 2007 que Karima a créé son magazine.
deux : Le magazine de Karima est destiné aux musulmans des deux sexes qui vivent en France.
trois : Karima a observé qu'au cours du débat sur la légalité du port du voile intégral islamique, les journalistes n'avaient pas interviewé de femmes musulmanes.
quatre : Karima a voulu prendre la parole à la suite de beaucoup d'autres femmes musulmanes en France.
cinq : Karima s'intéresse surtout au récit des expériences des gens.
six : Sur le site de Karima, les lectrices doivent laisser des commentaires.
sept : Il n'y a que quelques lectrices qui sont devenues collaboratrices de Karima.
huit : Karima ne veut pas imposer le port du voile

> intégral à ses collaboratrices.
> neuf : Seules les athées sont exclues du magazine de Karima.
> dix : L'objectif de Karima est de montrer la diversité des femmes musulmanes françaises.

解説 内容一致を問う正誤問題です。この聞き取り2では、モノローグや3人称の説明文が出題される傾向が強くなっています。まず、長文を2回聞き、次にその内容について述べた10の文を2回聞いて、本文の内容と一致しているか否かを判断します。最後にもう1回長文が読まれますので、ここで最終的な確認をおこないます。まずは問題文の大意をとらえることに集中するのが第一ですが、ときおり問題文の細部にかかわる文もふくまれていますので、細心の注意が必要です。実際、こまかいニュアンスを問う設問でやや得点率が下がる傾向にあります。今回は、イスラム文化圏出身のフランス人女性のために初めてウェブ・マガジンを創刊した女性の紹介文です。

(1)「Karimaが雑誌を創刊したのは2007年3月だ」という文です。本文の冒頭で述べられているように、Karimaが雑誌を創刊したのは「2007年5月」ですから、本文の内容に一致しません。得点率は92%でした。

(2)「Karimaの雑誌はフランス在住の男女のイスラム教徒向けのものだ」という文です。やはり本文の冒頭で、「イスラム文化圏出身のフランス人女性向け」とありますから、本文の内容に一致しません。得点率は97%でした。

(3)「Karimaは、全身をおおうイスラムのヴェールを着用することの合法性をめぐって議論が展開されたとき、ジャーナリストたちがフランスの女性イスラム教徒にインタビューをおこなわなかったのに気づいた」とあります。本文では、Karimaが雑誌を創刊しようとしたのは、ヴェール着用の可否が問題になったとき、ジャーナリストたちがまったく女性イスラム教徒にインタビューしに来なかったからだ、とあります。したがって、この文は本文の内容に一致します。得点率は93%でした。

(4) 本文では、女性イスラム教徒がまったくジャーナリストからのイン

タビューを受けなかったのを目撃したKarimaが、女性イスラム教徒は発言してはいけないのだろうかと自問した、とあります。つまり、Karimaは発言したいと思ったとはいえ、それがほかの女性イスラム教徒の影響を受けてのことであったとは本文には記されていません。したがって、「Karimaは、フランスに住むほかの多くの女性イスラム教徒にしたがって自分も発言したいと思った」という文は、本文の内容とは一致しません。細部に注意をはらう必要のある問題だったからでしょうか。得点率は40％にとどまりました。

(5) 本文には、「Karimaがもっとも関心を寄せているのは人々の証言だ」とあります。したがって、「Karimaはとりわけ人々の経験談に関心をもっている」という文は、本文の内容に一致します。得点率は71％でした。

(6)「Karimaのサイトでは、女性読者はコメントを残す義務がある」という文です。本文では、「女性読者はコメントを残すことができる」とありますから、この文は本文の内容と一致しません。コメントを残すのは義務なのか、許可されていることなのか、こまかいところにまで神経を集中させてください。得点率は74％でした。

(7)「Karimaの協力者となることのできる女性読者はほんの数名だけだ」という文です。本文にはPlusieurs lectrices sont de cette façon devenues des collaboratrices du magazine.「こうして何人もの女性読者が雑誌の協力者となった」とあります。ここでは、quelquesとplusieursのニュアンスのちがいに注意が必要です。quelquesはbeaucoupと対置され、「少し」というニュアンスがありますが、plusieursはunと対置され、「多い」というニュアンスで用いられます。(7)の文は本文の内容に一致しません。得点率は78％でした。

(8) 本文には、「Karima自身は全身をおおうヴェールをまとっているが、協力者たちもみな同じようにヴェールに身を包まなくてはならないというわけではない」とあります。したがって、「Karimaは協力者たちに全身をおおうヴェールの着用を強要しようとは思っていない」という文は、本文の内容と一致します。得点率は80％でした。

(9) 雑誌の協力者には、信者でない人や、無神論者までふくまれ、宗教上の理由で排除される女性はひとりもいないとされていますので、「Karimaの雑誌から排除されるのは、無神論者だけだ」という文は、本文の内容に一致しません。得点率は84％でした。

⑽「Karima の目的は、フランスにおける女性イスラム教徒の多様性を伝えることだ」という文です。本文の結びにおいて、「Karima はイスラム文化圏出身のフランス人女性が、みなと同様、じつに多様性に豊んでいることを理解してもらいたいと思っている」とありますので、本文の内容に一致します。得点率は 89％ でした。

　この問題全体の平均得点率は 80％ でした。

|解　答| (1) ②　(2) ②　(3) ①　(4) ②　(5) ①
　　　　(6) ②　(7) ②　(8) ①　(9) ②　⑽ ①

1 次試験配点表

筆記試験	1	2	3	4	5	6	7	8	9	小計	書き取り	小計	聞き取り	1	2	小計	計
	12点	8	8	5	10	10	12	15	20	100		20		20	10	30	150

2 次 試 験
解 説

〔2次試験・面接〕

　A、B 2つのテーマから1つを選びます。Aは政治・経済・社会など、どちらかといえば時事的なテーマ、Bはより日常生活に密着した一般的なテーマとなっています。ただし、これは原則であって、両者の境界があいまいな場合もあり、A、Bの要素が融合している問題もありますから、その点には十分留意してください。今回出題されたテーマは、以下の組み合わせでしたが、どの組み合わせが手渡されるのかは、試験直前にならないとわかりません。

1. **A)** あなたは、日本政府がエネルギーと環境をめぐる政策について十分吟味し直し、さらにはそれを変えるべきだと考えますか。それはなぜですか。そしてまた、どのようにすべきですか。
   B) あなたの意見では、相撲はスポーツですか。それはなぜですか。
2. **A)** 海外では、2011年、未曾有の災害に連続して見舞われた日本人が、ある種の「叡智」を示したとしばしばとりざたされます。これについてあなたはどう思いますか。
   B) 「かわいい」という日本語が、海外の若者に用いられるようになりました。この現象をあなたはどう説明しますか。

【パリ会場】
1. **A)** オサマ・ビン・ラディンの死後、世界のマスコミの論説委員のなかには、アル＝カイダの元指導者が法廷に引致されないのが遺憾だとする人々がいます。これについてあなたはどう思いますか。
   B) フランスでは電力のほぼ80％を原子力にたよっています。これについてあなたはどう思いますか。
2. **A)** あなたは、アラブ革命（たとえばいわゆる「ジャスミン」革命のようなもの）が世界に対していかなる政治的意義を持ちうると思いますか。
   B) 持続的発展は本当に可能でしょうか。それはなぜですか。

受験者は面接までの3分間に、あたえられたテーマ **A**、**B** のいずれかを選び、そのテーマについて考えをまとめておきます。入室後、面接委員（通常、フランス人と日本人の計2人）が氏名などに関してフランス語で簡単な質問をしますので、フランス語で答えてください。その後、選んだテーマについて3分間の exposé をおこない、つづいて、その exposé に対する質疑応答が面接委員との間でおこなわれます（全体で9分）。

　自分にとって話を展開しやすいほうのテーマを選ぶのは当然ですが、重要なのは以下の点です。

1) **テーマの主旨をよく理解すること**：時事的なテーマを選ぶにせよ、より一般的なテーマを選ぶにせよ、そのテーマが現在の私たちにとってどのような問題を投げかけているのかを的確に理解していることが必要です。ピントのはずれた議論の展開を避けるためにも、問題点の核心をすばやく把握することが求められます。

2) **テーマをめぐって、論理的かつ説得的な議論を展開すること**：この面接試験は、受験者が選んだテーマに関して、その「印象」や「感想」を聞くための場ではありません。受験者には、論理的かつ説得的な議論の展開が求められます。みずからの意見の根拠を明確に示し、説得的な例を提示するのはもちろんのこと、その意見のもつ多様な可能性をダイナミックに展開してみせなければなりません。

3) **賛否両論の立場を考慮に入れるよう努力すること**：受験者の意見がそれ自体で完結しているのであれば、かならずしも賛否両論を述べる必要はありませんが、両方の意見のもちうる議論の広がりの可能性を考慮しつつ、両論を弁証法的にまとめあげるというのも作戦の1つとして考慮しておいていいと思います。時間の制約もあるので、ある程度仕方がないとはいえ、自説を一方的に主張する受験者がめだちますので気をつけてください。

4) **質疑応答では、面接委員の質問の意味を理解し、適切に持論を展開すること**：面接委員の質問は、受験者の意見に反論したり、あるいは批判をくわえるためのものではなく、その意見をさらにいっそう深めたり、展開したりするための誘導的な役割をはたそうとしていると理解してください。

5) **面接委員からの反論に対しても、冷静に反応すること**：面接委員がと

きに受験者の意見に「反論」する場面があるかもしれませんが、そこには受験者をやりこめようなどという意図はまったくありません。これもまた、受験者のもつフランス語での思考力や展開力ないしは知的な瞬発力を見るための手法なのだと理解してください。面接委員の「意見」を吟味、理解したうえで、それに論理的に「反論」することも、もちろん可能ですし、大歓迎です。

　なお、面接委員による総合評価は以下の3点を中心にすえておこなわれます。
1）受験者の exposé の内容と構成、その論理的操作能力、適切な具体例の提示による議論の説得的な根拠づけ
2）面接委員からの質問や反論に的確に答え、自分の意見を多岐にわたって展開できるインターラクティブなコミュニケーション能力
3）受験者のフランス語の質（発音、文法、語彙力、表現の豊かさなど）

学校別受験者数一覧

2011年度春季 ＜大学・短大別出願状況＞

出願者数合計が20名以上の学校を抜粋しました（50音順）。

	学 校 名	合計		学 校 名	合計		学 校 名	合計
	愛知県立大学	52	団体	国際教養大学	24	団体	同志社大学	50
団体	青山学院大学	164		国際基督教大学	25		東北学院大学	21
	岩手大学	22	団体	上智大学	131		東洋大学	38
団体	大阪大学	162	団体	白百合女子大学	120	団体	獨協大学	121
	お茶の水女子大学	23	団体	椙山女学園大学	29	団体	富山大学	25
団体	学習院大学	66		成蹊大学	26		長崎外国語大学	55
	神奈川大学	21	団体	成城大学	69	団体	名古屋外国語大学	72
団体	金沢大学	27	団体	聖心女子大学	47	団体	南山大学	50
団体	カリタス女子短期大学	26	団体	西南学院大学	75		新潟大学	20
団体	関西外国語大学	100		専修大学	20		日本女子大学	30
	関西大学	53	団体	創価大学	28	団体	日本大学	127
	関西学院大学	136		大東文化大学	45	団体	フェリス女学院大学	26
団体	関東学院大学	61		拓殖大学	199	団体	福岡大学	37
団体	北九州市立大学	37		千葉大学	35		法政大学	74
団体	京都外国語大学	106		中央大学	175	団体	武蔵大学	61
団体	京都産業大学	87		中京大学	44	団体	明治学院大学	82
	京都大学	28	団体	筑波大学	25	団体	明治大学	150
団体	共立女子大学	45		津田塾大学	41	団体	立教大学	136
団体	金城学院大学	57	団体	東海大学	57	団体	立命館大学	125
団体	慶應義塾大学	254		東京外国語大学	28	団体	龍谷大学	35
団体	甲南大学	21		東京大学	113	団体	早稲田大学	238

2011年度春季 ＜小・中・高校・専門学校別出願状況＞

出願者数合計が10名以上の学校を抜粋しました（50音順）。

	学 校 名	合計		学 校 名	合計		学 校 名	合計
団体	県立伊奈学園総合高等学校	40	団体	県立不来方高等学校	15	団体	雙葉高等学校	26
	学習院女子高等科	16		白百合学園中学高等学校	58	団体	フランス甲南学園トゥレーヌ高等部・中等部	39
団体	県立神奈川総合高等学校	15		聖ウルスラ学院英智高等学校	94			
団体	カリタス女子中学高等学校	95		聖ドミニコ学園中学高等学校	24		横浜国際高等学校	22
	神田外語学院	11		聖母被昇天学院高等学校	11	団体	立命館宇治高等学校	34
団体	暁星国際中学・高等学校	10		東京女子学院高等学校	14	団体	早稲田大学高等学院	13
団体	暁星中学・高等学校	39		日本外国語専門学校	18			

2011年度秋季　　＜大学・短大別出願状況＞

出願者数合計が20名以上の学校を抜粋しました（50音順）。

	学　校　名	合計		学　校　名	合計		学　校　名	合計
	愛知県立大学	68	団体	國學院大学	23	団体	獨協大学	177
団体	青山学院大学	201	団体	国際教養大学	37	団体	富山大学	31
団体	亜細亜大学	57		国際基督教大学	23	団体	長崎外国語大学	39
団体	茨城キリスト教大学	38		駒沢女子大学	22	団体	名古屋外国語大学	114
	大阪教育大学	55		城西大学	45	団体	名古屋造形大学	35
団体	大阪大学	110	団体	上智大学	165	団体	奈良女子大学	21
	岡山大学	32	団体	昭和女子大学	22	団体	南山大学	67
	小樽商科大学	25	団体	白百合女子大学	259		新潟大学	29
	お茶の水女子大学	33	団体	椙山女学園大学	31		日本女子大学	43
団体	学習院大学	160	団体	成城大学	203	団体	日本大学	377
団体	金沢大学	38	団体	聖心女子大学	71	団体	一橋大学	20
団体	カリタス女子短期大学	48	団体	西南学院大学	110		弘前大学	20
団体	関西外国語大学	175		専修大学	29		広島大学	20
	関西学院	50	団体	創価大学	32	団体	フェリス女学院大学	34
団体	関西学院大学	147		大東文化大学	60	団体	福岡大学	62
団体	関東学院大学	78		拓殖大学	338		富士常葉大学	34
	北九州市立大学	30		千葉大学	45		法政大学	75
団体	京都外国語大学	173		中央大学	206		北海道大学	26
団体	京都産業大学	115		中京大学	46		松山大学	25
	京都大学	32		筑波大学	28	団体	武庫川女子大学	108
団体	共立女子大学	31		津田塾大学	66	団体	武蔵大学	94
	近畿大学	22	団体	東海大学	47		明治学院大学	125
団体	金城学院大学	73		東京外国語大学	47		明治大学	314
団体	慶應義塾大学	385		東京大学	151	団体	目白大学	23
団体	甲南大学	22	団体	同志社大学	57		立教大学	197
団体	神戸松蔭女子学院大学	20		東北学院大学	31		立命館大学	168
	神戸女学院大学	21	団体	東洋英和女学院大学	52		龍谷大学	37
	神戸大学	28		東洋大学	37	団体	早稲田大学	508

2011年度秋季　　＜小・中・高校・専門学校別出願状況＞

出願者数合計が10名以上の学校を抜粋しました（50音順）。

	学　校　名	合計		学　校　名	合計		学　校　名	合計
団体	県立伊奈学園総合高等学校	38	団体	神戸海星女子学院高等学校	35	団体	フランス甲南学園トゥレーヌ高等部・中等部	28
団体	大妻中野高等学校	20		白百合学園中学高等学校	106			
	学習院女子高等科	14		聖ウルスラ学院英智高等学校	72	団体	武蔵高等学校	10
団体	県立神奈川総合高等学校	17		聖ドミニコ学園中学高等学校	39	団体	明治大学付属中野八王子中学校・高等学校	13
団体	カリタス小学校	16		聖母被昇天学院高等学校	11			
団体	カリタス女子中学高等学校	96		県立宝塚西高等学校	10		横浜国際高等学校	25
	神田外語学院	24		東京女子学院高等学校	19	団体	立命館宇治高等学校	13
団体	暁星中学・高等学校	40	団体	日本外国語専門学校	18	団体	早稲田大学高等学院	24
団体	慶應義塾高等学校	30	団体	雙葉高等学校	26			

文部科学省後援
実用フランス語技能検定試験
2012年度1級公式問題集
（CD付）
定価2,625円（本体2,500円＋税）

2012年4月1日 発行

編　者
発行者　公益財団法人　フランス語教育振興協会

発行所　　公益財団法人　フランス語教育振興協会
〒102-0073 東京都千代田区九段北 1-8-1 九段101ビル 6F
電話 (03) 3230-1603　FAX (03) 3239-3157
http://www.apefdapf.org

発売所　（株）駿 河 台 出 版 社
〒101-0062 東京都千代田区神田駿河台 3-7
振替口座 00190-3-56669番
電話 (03) 3291-1676 (代)　FAX (03) 3291-1675
http://www.e-surugadai.com
ISBN978-4-411-90235-1　C0085　¥2500E

落丁・乱丁・不良本はお取り替えいたします。
当協会に直接お申し出ください。
（許可なしにアイデアを使用して、または転載、
複製することを禁じます）
©公益財団法人　フランス語教育振興協会
Printed in Japan

文部科学省後援
実用フランス語技能検定試験
Diplôme d'Aptitude Pratique au Français

仏検

1・準1・2・準2・3・4・5級
(1級は春季のみ、準1級は秋季のみ実施)

2012年度より **インターネット**でも
お申し込みを受けつけます。
www.apefdapf.org
・合否結果をパソコン、携帯電話から閲覧できます。

春季試験
【試験日程】
1次試験：**6月17日**(日)
2次試験：**7月15日**(日)
【受付期間】
受付開始：**4月1日**(日)
郵送申込〆切：**5月16日**(水) 消印有効
インターネット申込〆切：**5月23日**(水)

秋季試験
【試験日程】
1次試験：**11月18日**(日)
2次試験：2013年**1月27日**(日)
【受付期間】
受付開始：**9月1日**(土)
郵送申込〆切：**10月17日**(水) 消印有効
インターネット申込〆切：**10月24日**(水)

APEF
公益財団法人 **フランス語教育振興協会**
仏検事務局
〒102-0073 東京都千代田区九段北1-8-1九段101ビル
TEL：03-3230-1603　E-mail：dapf@apefdapf.org
http://www.apefdapf.org

DAPF
2012年度
試験